XITONG SIWEI
KANJUNSHI

系统思维看军事

史宪铭 ◎ 著

国防工业出版社

· 北京 ·

内 容 简 介

　　本书以轻松而富有深度的漫谈方式，全面系统地剖析了系统思维、系统思想、系统理论、系统方法论、系统方法。通过深入浅出的阐述，引导读者从系统思维的角度出发，掌握一种全新的、科学的分析和解决军事问题的思维方法。

　　本书可为广大官兵和读者领会系统思维提供支持，也可作为系统工程相关专业的辅导用书。

图书在版编目（CIP）数据

系统思维看军事 / 史宪铭著 . -- 北京：国防工业

出版社，2025. 6. -- ISBN 978-7-118-13848-1

Ⅰ. E-49

中国国家版本馆 CIP 数据核字第 2025QS4521 号

※

国防工业出版社出版发行

（北京市海淀区紫竹院南路 23 号　邮政编码 100048）

北京虎彩文化传播有限公司印刷

新华书店经售

*

开本 710×1000　1/16　印张 13¾　字数 174 千字

2025 年 6 月第 1 版第 1 次印刷　印数 1—1000 册　定价 86.00 元

（本书如有印装错误，我社负责调换）

国防书店：(010) 88540777　　书店传真：(010) 88540776

发行业务：(010) 88540717　　发行传真：(010) 88540762

前言

　　很多人都认为，系统思维是迄今为止人类所掌握的最高级思维模式。我们在认识世界和改造世界的过程中遇到的事物，往往都可以看作一个系统。而只要是系统，就会具备系统的基本性质，解决系统问题时就需要运用系统思维，把系统思维内化于心、外化于行，这是每一个追求进步的人都需要具备的基本素质。

　　军事问题的解决同样需要系统思维。军事领域涵盖军事工作、政治工作、保障工作等多个方面，具体包括战略规划、作战指挥、装备研发与采购、后勤保障、人员训练与管理等。在这些领域中，系统思维发挥着至关重要的作用。例如：制定战略规划时，需要全面考虑国家的政治、经济、科技等多方面因素，以及敌我双方的实力和战略意图，而系统思维能够帮助军事规划者综合考虑各种因素，制定出更加全面、科学的战略规划；进行作战指挥时，需要指挥员具备全局观念和系统思维，全面分析战场态势，协调各兵种、各部队的行动，确保整体作战目标的实现，而系统思维有助

于指挥员更好地把握战场全局，优化作战部署；在装备工作中，装备的研发、采购和配置是一个复杂的系统工程，需要综合考虑技术性能、成本效益、作战需求等多方面因素，而系统思维有助于装备工作人员在全局上把握装备的发展方向，确保装备能够满足未来战争的需要，等等。

系统思维既是一种世界观，同时也可以认为是一种方法论。系统思维的运用，可以体现在系统思想、系统理论、系统方法论和系统方法上。系统思想为我们提供思想指导，系统理论帮助我们认识世界，系统方法论为我们提供解决问题的方法论，系统方法为我们提供解决问题的具体方法。能够将系统思想、系统理论、系统方法论和系统方法通盘掌握，系统思维也就初步形成了。

本书通过系统思想、系统理论、系统方法论、系统方法四个方面阐释系统思维，突出实践性；以系统思维在军事领域的应用实践为案例，为官兵和军事爱好者提供一种系统思维视角；从案例出发，帮助读者领悟系统思维，并能够自觉将系统思维运用到工作生活中。

本书写作过程中，力求短小精悍，呈现不同系统思维的知识点，希望能够给读者带来小小的启迪。系统思维就根植于大家的本心之中，通过慢慢感悟，定有收获。

作　者

2024 年 4 月

目录

第一章　漫谈系统思维 /1

第一节　什么是系统思维 /1

第二节　为什么说系统思维是迄今为止最高级的思维 /3

　　一、系统思维在哲学上体现认知优势 3

　　二、系统思维在起源上面向复杂难题 4

　　三、系统思维在应用中具有独特价值 6

第三节　系统思维的主要内容 /8

　　一、系统思维中的思想部分 8

　　二、系统思维中的理论部分 9

　　三、系统思维中的方法论部分 11

　　四、系统思维中的方法部分 13

第四节　典型系统思维案例 /14

　　一、孙子兵法 14

二、中医与军事系统工程 16

三、五行学说 18

四、道与复杂性 19

五、装备系统工程 20

六、装备供应工程 22

七、北斗通信系统轨道设计 24

八、C⁴ISR 系统 25

九、数字孪生及其军事应用 26

第二章　漫谈系统思想 /28

第一节　整体性思想 /28

一、还原主义的危机 28

二、线性思维的陷阱 30

三、功能涌现的系统 32

四、整体思维的爆发 33

五、体系思维的得失 35

第二节　目的性思想 /39

一、看主要目的：高炮不能打下更多的飞机，是否划算 39

二、重适应环境：四渡赤水的顺势而为 41

三、忌偏离实际：德国"巴巴罗萨"行动失败 42

第三节　层次性思想 /44

一、软件系统开发分层架构 45

二、年度训练工作重点之变 46

三、导弹防御体系构建思考 47

四、弹药消耗预计层次划分 49

第四节　相关性思想 /50

一、系统内要素相关：防空导弹的作用机理 50

二、系统与环境相关：错综复杂的阿富汗战争 52

三、相关性思想应用：朝鲜半岛核问题 53

第五节　相似性思想 /54

一、局部和整体的相似性：理解事物的钥匙 54

二、未来和过去的相似性：古代围城战术和现代混合战争 56

三、不同系统间的相似性：多军种联合演习中的互操作性挑战 58

第六节　环境适应性思想 /59

一、信息时代的适应性：高新装备"牛"在哪里 59

二、战略环境的适应性：抗日战争快不得，解放战争拖不得，抗美援朝急不得 61

第七节　动态性和稳定性思想 /62

一、系统的动态性：军事转型一直在持续 62

二、系统的稳定性：人民军队忠于党 64

第三章　漫谈系统理论 /66

第一节　系统思维由思想到科学 /67

一、系统原理之一：战斗力强不强，组元是基础 67

二、系统原理之二：组元都一样，还要看结构 68

三、系统原理之三：系统之人理，运行作用起 69

四、信息原理之一：从空城计看信息对系统组织化程度的影响 70

　　五、信息原理之二：从 C⁴ISR 的兵力倍增器作用发挥看有序度 71

　　六、信息原理之三：联合作战在有序度提升上的新挑战 72

　　七、信息冗余：战争信息传输策略 73

　　八、试探控制：巴以冲突中的试探攻击战术 75

　　九、调节机制：前馈与反馈控制在军事行动中的应用 76

第二节　系统思维由理论到阐释 /77

　　一、耗散结构理论：保持跨代优势的策略 77

　　二、协同学：提高协同能力 80

　　三、突变论：战争中的溃败现象 82

第三节　系统思维由一般到复杂 /83

　　一、蝴蝶效应 83

　　二、自组织理论 85

　　三、分形理论：概念及军事应用 90

　　四、混沌理论：李奇微接替麦克阿瑟对抗美援朝战争的影响 92

　　五、马赛克战争：复杂适应系统的应用 93

　　六、复杂网络：小世界模型与情报传输网络 94

　　七、组元更新：亚美尼亚与阿塞拜疆冲突中无人机的运用 95

第四章　漫谈系统方法论 /98

第一节　概述 /99

　　一、方法论分类 99

　　二、硬系统与软系统 101

　　三、系统方法论的特征 102

第二节　干就完了：面向性能的方法论 /104

　　一、最直接的方法论就是分解 104

　　二、战略、战役和战术层面的问题划分 106

　　三、不同装备全寿命周期阶段考虑问题的层次性 107

　　四、运筹学方法论 108

　　五、硬系统方法论 110

第三节　找准定向：面向目标的方法论 /111

　　一、切克兰德方法论 111

　　二、旋进原则方法论 113

　　三、隐喻方法论 115

第四节　找准途径：面向创新的方法论 /116

　　一、后现代系统思考 116

　　二、TRIZ 理论 118

　　三、后现代主义方法论 120

　　四、西那雅卡那系统方法论 122

第五节　复杂问题：面向综合的方法论 /123

　　一、钱学森综合集成方法论 123

　　二、全面系统干预（TSI）方法论 125

　　三、WSR 方法论 126

　　四、六顶思考帽思维工具 128

第六节　立场不一：面向协调的方法论 /129

　　一、如何进行利益协调 129

　　二、批判系统启发法 131

　　三、SAST 基本假设表面化与检验 133

四、交互式规划 135

五、团组协整 137

第五章 漫谈系统方法 /139

第一节 怎么认识 /139

一、认识功能 139

二、认识环境：榆树抵御匈奴的环境改造 142

三、认识战略：结硬寨、打呆仗的以拙胜巧 143

四、认识结构：信息支援部队成立 144

五、认识执行 146

六、两全思想：全系统全寿命装备维修管理思想 150

七、定量思维 151

第二节 怎么评价 /155

一、分清评价目的：方案排序还是达标判断 155

二、注意评价效应：积极作用还是消极影响 156

三、不可公度问题：产生原因及处理方法 157

四、权重确定主体：专家还是领导 159

五、权重确定依据：基于问题还是基于数据 160

第三节 怎么预测 /162

一、预测之因：内找规律和外推趋势 162

二、预测之果：预测行为对预测结果的影响 163

三、预测之难：军事系统复杂性 164

四、时间之变：美苏军备竞赛的灰犀牛 166

五、事务之变：驻韩美军士兵特拉维斯·金黑天鹅事件 167

六、数据之变：数据驱动模型中的过度拟合现象 168

七、预测之解：机理不足数据补、数据不足机理补 169

第四节　怎么优化 /171

一、优化目标选取：费用效益 171

二、系统优化思想：上兵伐谋 172

三、典型优化问题：军事应用 173

四、运行优化改进（一）：金字塔型结构下的三大民主 175

五、运行优化改进（二）：网络型结构的盲目性克服 176

六、系统活力激发：促进流通 178

第五节　怎么决策 /179

一、神奇的直觉决策：诺曼底登陆 179

二、理智的博弈决策：冷战时期的核威慑策略 181

三、协调的纳什均衡：俾斯麦海的海空对抗 182

四、有效的概率决策：盟军运输护航策略改进 184

五、量化的风险决策：风险偏好传导法 185

六、科学的决策体制：贝尔蒂埃的成功与失败 187

第六节　怎么计划 /188

一、计划之重点：不同层次计划方案的关注点及基本内容 188

二、计划之流程：从确定目的到计划调整 190

三、计划之用途：枪声一响，再好的应对方案作废一半 191

四、计划之成分：工序的划分 192

五、计划之用途：神舟飞船中的网络计划技术 194

六、计划之技术：网络计划技术的发展变化 195

七、计划之复杂：我国的航母战斗群建设 197

参考文献 /200

后记：我和系统思维的不解之缘 /203

第一章
漫谈系统思维

　　系统思维是一种以系统观念为核心的认识世界和改造世界的思维方式，本书构建的系统思维内容体系主要包括系统思想、系统理论、系统方法论和系统方法4个方面，为系统认识世界和改造世界提供一整套思想观念和工程方法。

第一节　什么是系统思维

　　系统思维是一种从整体和全局上把握问题的思维方式，是一种看透事物相关结构之间关系的智慧。它运用系统观点，把对象之间互相联系的各个方面及其结构和功能进行系统认识，抓住整体和要害，以不失原则地采取灵活有效的方法处置事务。

党的二十大报告提出的"六个必须坚持"是继续推进理论创新的科学方法，也是习近平新时代中国特色社会主义思想的立场观点方法的重要体现，"必须坚持系统观念"是其中一个重要方面。坚持系统观念，体现了我们党对辩证唯物主义和历史唯物主义的深刻把握和科学运用，为前瞻性思考、全局性谋划、整体性推进党和国家各项事业提供科学思想方法，对于全面建设社会主义现代化国家、以中国式现代化全面推进中华民族伟大复兴具有重要意义。

钱学森院士对系统的定义为：系统是由相互作用、相互依赖的若干组成部分结合而成的，具有特定功能的有机整体，而且这个有机整体又是它从属的更大系统的组成部分。

使用系统思维解决问题，是将问题所在的对象看作一个系统，从而自觉地将系统的状态、性质和运动规律纳入自己的思维之中，从整体上理解和处理问题。

这种思维具有广泛的适用性。可以说，除了内无结构、外无关联的"囵囵"，其他事物都可以看作系统。系统思维的核心是整体性原则，强调整体与局部、局部与局部、整体与外部环境之间的有机联系，具有综合性、动态性和最优化的特点。这种思维方式可以帮助人们看到问题的本质和根源，避免片面和静态地看待问题，从而找到更好的解决方案。

同时，系统思维也是一种逻辑抽象能力，是对事情全面思考的表现，不同于创造思维或形象思维等本能思维形态。它要求人们在分析和解决问题时，要考虑到各种因素之间的相互作用和影响，以及系统的动态变化和发展趋势。

在实践中，系统思维的运用，主要体现在系统思想、系统理论、系统方法论和系统方法上。

第二节　为什么说系统思维是迄今为止最高级的思维

一、系统思维在哲学上体现认知优势

面对日益复杂多变的挑战和问题，如全球气候变化、社会经济发展不平衡、科技创新等，系统思维提供了一种有效的思考框架和解决问题的方法。它能够帮助人们更好地理解问题的本质和复杂性，制定出更全面、更长远、更科学的解决方案，从而推动人类社会的进步和发展。因此，系统思维被认为是当今世界最顶级的思维之一。

（一）与马克思主义相契合

系统思维强调将事物看作一个整体，注重各组成部分之间的内在联系和相互作用。这与马克思主义哲学中的整体性观点相契合，认为事物是普遍联系的，任何事物都不能孤立存在。通过系统思维，人们能够更全面地把握事物的本质和规律，避免片面性和局部性的认知。

（二）具有辩证思维的内在特质

系统思维具有内在的辩证性。它要求人们在分析问题时，既要看到事物的正面，也要看到事物的反面；既要看到事物的现状，也要预测事物的

发展趋势。这种辩证的思维方式有助于人们更准确地认识事物，制定出更符合实际的解决方案。

（三）面向复杂问题的科学方法

系统思维为人们提供了一种科学的认识方法。在面对复杂多变的问题时，系统思维能够帮助人们从整体上把握问题的本质和复杂性，揭示事物之间的内在联系和规律。这种认识方法有助于提高人们的认识能力和决策水平。

（四）具有广泛适用的实践特征

系统思维不仅在理论上具有重要意义，而且在实践中也具有广泛的指导作用。在解决实际问题时，系统思维能够帮助人们制定出更全面、更长远、更科学的解决方案，从而推动实践的发展和进步。

综上所述，系统思维在哲学层面上体现了整体性、辩证性、认识论功能和实践指导等方面的优势，这些优势使得系统思维在当今世界被广泛认可和应用，成为一种顶级的思维方式。

二、系统思维在起源上面向复杂难题

在发展来源层面，系统思维之所以被认为是当今世界最顶级的思维，主要基于以下几点。

（一）应对复杂性的需要

随着社会、经济、科技等各个领域的不断发展，人类面临的问题越来越复杂。这些问题往往涉及多个领域、多个方面，相互交织、相互影响。传统的线性思维或局部思维难以应对这种复杂性。而系统思维强调整体性、动态性和相互关联性，能够更好地理解和处理复杂问题。

（二）科技进步的推动

现代科技的发展，特别是系统科学、信息科学等领域的进步，为系统思维提供了强大的理论支持和技术手段。人们可以借助先进的计算机技术和数据分析方法，对复杂系统进行模拟、预测和优化。这使得系统思维在解决实际问题时更加具有可操作性和实效性。

（三）全球化的挑战

全球化进程加速了世界各地之间的联系和互动，也带来了许多全球性的问题，如气候变化、资源短缺、社会不平，等等。这些问题需要全球范围的共同协作和努力来解决。系统思维强调整体性和相互关联性，有助于人们超越地域和文化的限制，形成全球性的共识和行动方案。

（四）跨学科整合的趋势

在知识爆炸的时代背景下，单一的学科知识已经难以满足解决问题的

需要。跨学科整合成为一种新的趋势和要求。系统思维强调跨学科、跨领域的思考方式，能够将不同领域的知识和方法综合起来，形成对问题的多维度、多层次的认知。这种综合性的思维方式有助于人们发现新的解决方案和创新点。

综上所述，系统思维在发展来源层面体现了应对复杂性、科技进步推动、全球化挑战和跨学科整合等方面的优势和价值。

三、系统思维在应用中具有独特价值

在应用方面，系统思维展现出了独特的优势和价值，进一步巩固了其作为当今世界最顶级思维的地位。以下是系统思维在不同应用领域中的体现。

（一）解决问题

系统思维提供了一个全面的框架来帮助人们理解和解决复杂问题。通过将问题拆分为不同的组成部分，并分析这些部分之间的相互作用，系统思维有助于找到问题的根源和解决方案。这种方法在处理诸如环境、经济、社会和技术等领域的复杂问题时特别有效。

（二）决策制定

在决策过程中，系统思维能够帮助决策者考虑到各种直接和间接的影响因素，以及它们之间的潜在联系。这种全面的考虑有助于制定更加明智和可持续的决策，减少意外后果的风险。

（三）创新和设计

系统思维鼓励人们从整体上审视问题，并寻找创新性的解决方案。通过将不同的元素和组件整合在一起，来创造新的系统或改进现有系统，系统思维有助于推动科技进步和社会发展。

（四）组织和管理

在组织和管理领域，系统思维强调整体性能和跨部门协作的重要性。通过将组织看作一个由相互关联的子系统组成的整体，系统思维有助于优化组织结构、提高效率和促进创新。

（五）政策制定

在政策制定领域，系统思维能够帮助政策制定者理解政策实施的复杂性和潜在影响。通过模拟和预测政策变化对整个系统的影响，系统思维有助于制定更加有效和可持续的政策。

总之，在应用方面，系统思维已经渗透到各个领域，为解决复杂问题、制定明智决策、推动创新、优化组织管理和制定有效政策提供了有力的支持。这些实际应用成果进一步证明了系统思维作为当今世界最顶级思维的地位和价值。

第三节 系统思维的主要内容

一、系统思维中的思想部分

系统思想是一种重要的思维方式，强调从整体和全局的角度来把握问题，并注重事物之间的相互联系和相互作用。系统思想认为，世界上的各种对象、事件、过程都是由一定部分组成的整体，并且这些部分之间以及部分与整体之间都存在着密切的联系和相互作用。

系统思想的核心在于，构成整体的各个部分不是简单地堆积在一起，而是按照一定的规律相互依存、相互制约，形成一个有机的统一体。这个统一体具有其组成部分所没有的新性质和新功能，即整体大于部分之和。系统思想还强调，在分析和解决问题时，应将问题看作一个系统，注重研究系统的结构和功能，以及系统与外部环境之间的相互作用。这种思维方式有助于更全面地理解问题的本质和规律，提出更有效的解决方案。此外，系统思想还涉及一些基本原则，如整体性原则、结构性原则、动态性原则等。这些原则为我们提供了一种分析和解决问题的框架和方法，有助于更好地应对复杂多变的现实世界。总之，系统思想是一种重要的思维方式，它有助于我们更全面、深入地理解问题，提出更有效的解决方案，从而更好地应对现实世界的挑战。

系统思想在系统思维中占据着核心和基础的地位，发挥着至关重要的作用。首先，系统思想为系统思维提供了基本的理论框架和指导思想。系统思维强调从整体和全局的角度来把握问题，注重事物之间的相互联系和相互作用。这种思维方式正是基于系统思想而形成的。首先，系统思想所强调的整体性、结构性、动态性等原则，为系统思维提供了基本的分析方法和解决问题的思路。其次，系统思想在系统思维中发挥着重要的方法论作用。在分析和解决问题时，系统思维需要将问题看作一个系统，注重研究系统的结构和功能，以及系统与外部环境之间的相互作用。而这些正是系统思想所提供的基本方法和手段。通过运用系统思想，可以更全面地理解问题的本质和规律，提出更有效的解决方案。最后，系统思想还有助于提升系统思维的效果和水平。系统思想强调整体性和全局性，注重事物之间的相互联系和相互作用。这种思想方式有助于我们打破传统思维方式的片面性和局限性，更好地应对复杂多变的现实世界。同时，系统思想还有助于培养综合分析能力和创新能力，提升我们在实践中解决问题的能力和决策水平。

二、系统思维中的理论部分

系统科学是一门研究复杂系统结构、功能、行为及演化规律的综合性学科，在系统思维中扮演着举足轻重的角色，发挥着不可或缺的基础性和指导性作用。以军事领域为例，系统科学的重要性及其实践价值尤为突出。

系统科学为系统思维奠定了坚实的理论基础。在军事战略制定中，系统科学提供了全面、深入的分析框架，帮助决策者理解战争系统的复杂性和动态性。例如，在评估敌方作战能力时，系统科学的方法能够揭示敌方

各作战单元之间的相互联系和协同作用，从而为我方制定更加有效的战略和战术提供有力支撑。

系统科学对系统思维的方法论具有重要的指导作用。在军事行动中，系统思维要求指挥员从整体和全局的角度来把握战局，注重各战斗要素之间的相互关联和影响。系统科学的方法论强调整体性和动态性，这与系统思维的要求不谋而合。例如，在联合作战中，各军兵种需要密切协同、相互配合，才能发挥最大作战效能。系统科学的方法论能够帮助指挥员更好地理解各军兵种之间的相互依赖关系，从而制定出更加科学的协同作战计划。

系统科学不断拓展系统思维的应用领域。在军事领域，系统思维的应用已经从最初的作战指挥拓展到情报分析、后勤保障、装备研发等多个领域。系统科学的发展为这些领域系统思维的应用提供了有力支持。例如，在情报分析中，系统科学的方法能够帮助分析人员从海量信息中提炼出有价值的情报，为决策层提供准确、及时的情报支持。

系统科学提升了系统思维的深度和广度。在军事决策中，系统思维需要对问题进行全面、深入的分析和思考。系统科学的研究不仅关注战争系统的静态结构，更关注其动态演化过程。这种对系统的全面、深入研究提升了军事决策的科学性和准确性。例如，在制定长期战略规划时，系统科学的方法能够帮助决策者预测未来战争形态的发展趋势，从而为我方制定更加具有前瞻性的战略规划提供有力依据。

综上所述，系统科学在系统思维中占据着举足轻重的地位，并发挥着基础性和指导性的作用。在军事领域，系统科学更是提升战争决策水平和作战效能的重要法宝。

三、系统思维中的方法论部分

系统方法论，是一种强大的思维工具，在系统思维中占据着举足轻重的地位，发挥着不可或缺的作用。尤其在军事领域，其重要性更是被无数实战案例所印证。下面将结合军事案例，对系统方法论的核心作用进行具体阐述。

系统方法论为分析与解决复杂问题提供了清晰、有力的框架。在军事决策中，面对错综复杂的战场环境和千变万化的敌情，系统方法论能够帮助指挥员从整体出发，将复杂战局分解为若干个子系统，进而对每个子系统进行深入研究和分析。通过这种先化整为零、再合零为整的方法，指挥员能够制定出更加精准、有效的作战方案。例如，在筹划一场大规模联合作战行动时，系统方法论可指导指挥员将作战任务分解为空中打击、地面推进、海上封锁等多个子任务，然后针对每个子任务制定详细的作战计划和协同策略，最终形成一个全面、周密的整体作战方案。

系统方法论强调整体与部分的有机统一。在军事行动中，各作战单元之间的协同配合至关重要。系统方法论鼓励指挥员在关注各作战单元独立作战能力的同时，更加注重它们之间的相互联系和相互作用。例如，在一场空战中，歼击机、预警机、电子战飞机等多种机型需要密切配合才能发挥最大作战效能。系统方法论可帮助指挥员深刻理解各机型之间的协同关系，合理规划作战空域和作战时序，从而实现整体作战效果的最优化。

系统方法论注重动态性与发展性。在军事领域，战场形势瞬息万变，要求指挥员具备动态调整作战方案的能力。系统方法论强调在考虑问题时

必须充分考虑到系统的历史、现状和未来发展趋势，以及各种内外部变化因素。这种动态性的思考方式有助于指挥员准确判断战场形势的发展变化，及时作出正确的决策调整。例如，在一场城市巷战中，面对敌方突然增援的情况，系统方法论可指导指挥员迅速调整作战部署，加强火力压制和机动打击力度，以应对新的战场形势。

系统方法论还提供了一系列实用的工具和技术支持。这些工具和技术如系统分析、系统设计、系统优化等，在军事领域同样具有广泛的应用价值。它们能够帮助指挥员更加科学、高效地进行作战筹划和指挥控制，提高作战效率和胜算的把握。例如，在装备研发过程中，系统方法论可指导研发人员运用系统工程方法进行需求分析、功能设计、性能评估等工作，从而确保新装备能够满足实战需求并具备较高的性价比。

通过运用系统方法论，军事人员可以培养自己的综合分析能力、创新能力以及跨学科思维能力。这些能力对于应对复杂多变的现实世界具有重要意义。例如，在应对新型安全威胁时，具备系统思维能力的军事人员能够从多角度、多层次分析问题的本质和根源，提出创新性的解决方案并有效整合资源加以实施。这种跨学科的思维方式和创新能力有助于军事人员在复杂多变的国际安全环境中保持敏锐的洞察力和高效的应对能力。

综上所述，系统方法论在系统思维中占据着核心地位并发挥着关键作用。它是实施和展开系统思维的重要武器库和工具箱，为我们提供了分析和解决问题的有力框架、实用工具和技术支持，并有助于培养综合与创新能力。在军事领域，掌握和运用好系统方法论更是每一位军事人员必备的基本素质和关键能力。

四、系统思维中的方法部分

系统方法，作为系统思维的核心工具，在军事战略与战术的运筹帷幄中，其重要性尤为凸显。下面将结合具体的军事案例，对系统方法在系统思维中的关键作用进行深入阐述。

系统方法基于系统理论，为我们提供了一种从宏观和全局视角审视问题的科学途径。在复杂的军事环境中，将各种战略要素、力量对比和作战环境视作一个相互关联的整体系统，是制胜的关键。例如，在规划一场大规模的联合作战行动时，系统方法帮助指挥官将不同军兵种、不同武器装备以及各类支援力量视为一个有机的整体，通过分析它们之间的协同关系和作战效能，制定出更加符合实战需求的作战方案。

系统方法强调整体性和全局性，这在军事行动中尤为重要。一场战争的胜败不仅取决于单一的武器性能或战术动作，还取决于整体战略布局和协同作战的能力。例如，第二次世界大战的诺曼底登陆战中，盟军成功运用了系统方法，从整体和全局出发，精心策划了包括空中掩护、海上运输、地面突击等多个环节的协同作战行动，最终实现了战略上的重大胜利。

系统方法还促进了军事领域的综合分析和创新。面对不断变化的战场环境和作战需求，系统方法鼓励军事人员跨越传统的思维界限，将不同领域的知识和方法进行融合创新。例如，在现代战争中，信息技术的广泛应用使得战场信息化水平不断提高，系统方法帮助军事人员将信息技术与传统的作战手段相结合，创造出新的作战模式和战术打法，从而获得战场上的优势。

此外，系统方法为军事决策提供了强大的支持和优化方案。通过建立数学模型、仿真模拟和优化分析等手段，系统方法能够帮助决策者更加科学、准确地评估不同作战方案的优劣和可能的风险，为最终决策提供有力的依据。例如，在导弹防御系统的建设中，系统方法通过建模和仿真分析，帮助决策者优化导弹部署方案，提高防御系统的整体效能和反应速度。

综上所述，系统方法在系统思维中占据着举足轻重的地位，并发挥着至关重要的作用。在军事领域的应用中，系统方法更是成为制胜的法宝和推动创新的关键力量。通过运用系统方法，能够更加全面、深入地理解和解决复杂的军事问题，推动军事理论和实战水平的不断提升。

第四节　典型系统思维案例

一、孙子兵法

《孙子兵法》作为中国古代军事文化的杰出代表，其深邃的军事智慧不仅为历代军事家所推崇，更为现代战争策略与决策提供了宝贵的思想资源。从系统思想的角度解读《孙子兵法》，可以发现其中蕴含的战略思维、整体观念、动态平衡以及矛盾转化等核心要素，这些要素在实战中发挥着举足轻重的作用。

（1）战略思维与系统全局观。《孙子兵法》强调战略思维的重要性，认为"不谋全局者，不足谋一域"。这种全局意识是系统思想的核心体现，它要求决策者在制定战争策略时，必须从整体出发，全面考虑各种因素的相互影响。例如，在《孙子兵法·始计篇》中，孙子提出"五事七计"的决策原则，要求从政治、经济、军事、天时、地利等多方面综合评估战争形势，这正是系统思维在战略决策中的应用。

（2）动态平衡与因敌变化。《孙子兵法》强调战争的动态性和变化性，认为"兵无常势，水无常形"。这种动态平衡的思想要求决策者必须根据战场形势的变化，灵活调整战争策略。在《孙子兵法·虚实篇》中，孙子提出"因敌而变"的战术原则，强调要根据敌人的动态变化来制定应对策略，这体现了系统思想中动态平衡的观念。

（3）矛盾转化与制敌机动。《孙子兵法》还深刻揭示了战争中矛盾的转化规律，认为"善战者，其势险，其节短"。这意味着善于作战的指挥官能够利用矛盾转化的原理，创造出对敌有利的战场态势。在《孙子兵法·兵势篇》中，孙子提出"奇正相生"的战术原则，通过正兵与奇兵的灵活转换，达到制敌机动的目的。这体现了系统思想中矛盾转化的智慧。

以《孙子兵法·地形篇》为例，孙子在其中详细阐述了地形对战争的影响以及如何利用地形制定战略战术。他指出："地形有通者，有挂者，有支者，有隘者，有险者，有远者。"不同的地形对军队的行军、驻扎、战斗都会产生不同的影响。决策者必须根据地形特点制定相应的战略战术，这既体现了整体观念又体现了动态平衡的思想。同时，孙子还强调要善于利用地形之利转化为对敌的制胜因素，这又是矛盾转化的具体应用。《孙子兵法》中的系统思想为战争策略与决策提供了重要的理论指导。这些思想不仅在古代战争中发挥了巨大作用，在现代战争中仍然具有极高的应用价值。因此，深入研究和挖掘《孙子兵法》中的系统思想对于提升现代军事理论

水平和指导实战具有重要意义。

二、中医与军事系统工程

军事系统工程是一项复杂的工程活动，它涉及对军事系统的规划、设计、实施和管理，以达到最优的军事效能。中医则是一门古老的医学体系，它通过对人体生理、病理的深入观察和系统分析，采用自然的疗法来保持和恢复健康。尽管军事系统工程和中医看似是两个截然不同的领域，但它们在某些方面却展现出了共通之处，特别是在系统性、整体性和策略性方面。

（一）在思想观念上

（1）整体观念。中医强调人体的整体性，认为人体各部位和器官之间是相互联系、相互影响的，与军事系统工程中强调系统各部分之间的协同作用、整体效能优化的思想不谋而合。例如，中医的"脏腑相表里"理论，指出内脏与体表器官之间存在密切联系，内脏的病变可以反映到体表，而体表的治疗也能影响内脏，这类似于军事系统中一个环节的变动可能影响整个系统的效能。

（2）预防为先。中医注重"治未病"，即在疾病未发生时通过调理身体来预防疾病，军事系统工程同样重视预防，通过情报分析、预警系统等手段来预防潜在威胁。中医的节气养生、饮食调节等都是为了增强人体抵抗力，预防疾病发生，而军事系统中的日常巡逻、安全检查等也是为了预防敌人的突然袭击。

（3）动态平衡。中医追求的是人体内外的动态平衡，即"阴阳平衡"，军事系统工程也需要在动态变化的环境中保持系统的稳定性和效能。中医通过针灸、按摩等手段调节人体的气血流动，以达到平衡状态，军事系统则需要不断调整战略战术，以适应战场环境的变化。

（二）在工作方法上

（1）信息收集与分析。中医诊断通过望、闻、问、切四诊合参来收集病人的信息，类似于军事系统工程中的情报收集和分析。中医通过观察病人的面色、舌苔等来判断病情，而军事系统则需要通过分析敌方情报来制定作战计划。

（2）模式识别。中医通过对症状的识别来判断疾病类型和病因，这类似于军事系统工程中的模式识别技术，用于识别敌方行动模式或潜在威胁。中医根据一系列症状来判断某种疾病，军事系统则可能根据一系列迹象判断敌方的意图或行动计划。

（3）个体化治疗。中医强调因人而异的治疗策略，根据每个人的体质和病情制定个性化的治疗方案；军事系统工程同样需要考虑不同战场环境和敌人特点，制定针对性的作战策略。中医对于同一疾病可能会因为患者体质不同而采用不同的药物和剂量，军事系统在面对不同敌人时也需要调整战术和武器使用。

（4）综合治理。中医治疗不仅是针对症状进行单一治疗，而是综合考虑病因、体质等多方面因素进行综合治疗，军事系统工程也需要综合考虑多种因素，如地理环境、敌方实力、己方资源等，来制定综合的作战计划。中医治疗一个感冒患者可能会同时采用中药、针灸、按摩等多种手段，军

事系统在一次行动中可能需要协调空中支援、地面部队和后勤保障等多个方面。

综上所述，中医在理论、诊断方法和治疗策略等方面都体现了军事系统工程的思想。这种内在联系不仅揭示了两者在方法论上的共通之处，也为两个领域之间的相互借鉴和融合提供了新的视角。

三、五行学说

五行学说是中国古代哲学的重要理论之一，它认为宇宙万物的发展变化可以通过五种基本物质的相互作用和制约来解释，这五种物质被称为"五行"，即金、木、水、火、土。

在五行学说中，每种元素都有其独特的属性和作用方式。"金"代表收敛和坚固，与金属、秋季、西方等相应；"木"代表生长和扩展，与树木、春季、东方等相应；"水"代表流动和变化，与水流、冬季、北方等相应；"火"代表炎热和向上，与火焰、夏季、南方等相应；"土"代表和平和存实，与土地、中央等相应。这些元素之间相互作用，形成生克制化的关系，从而构成了宇宙万物的复杂变化。

五行学说在中医领域也有广泛的应用。中医认为人体内部五脏对应着五行元素，通过调节五行元素的平衡可以保持身体健康。例如，肝属木，酸味、绿色、春季等都与木有相应关系，因此适当食用酸味食物、多看绿色植物等有助于养肝护肝。此外，五行学说还与阴阳学说相互关联，共同构成了中国古代哲学的核心体系。阴阳学说主要说明事物对立双方互相依存、互相消长和互相转化的关系，五行学说则进一步阐述了事物之间的相互作用和变化规律。

在现代社会中，五行学说虽然不再具有科学意义，但仍然对中国文化和艺术等领域产生着深远的影响。例如，在绘画、音乐、建筑等方面，艺术家们常常运用五行元素来表达自己的创作理念和情感。总的来说，五行学说是中国古代哲学中的重要理论之一，它通过对宇宙万物的分类和解释，揭示了事物之间的相互关系和变化规律，为人类认识世界提供了独特的视角和方法。同时，在中医、文化、艺术等领域中也有着广泛的应用和影响。将五行学说应用在军事问题解决中，虽然不能提升问题研究的科学性，但从思考问题角度，具备系统性思考、提升策略的多样性的特点，便于对军事系统进行预测和应对。

四、道与复杂性

老子曾云："道生一，一生二，二生三，三生万物。"这句话仿佛揭示了宇宙间万物演化的神秘法则。尽管无数研究者试图解读其中的奥秘，然而，老子的智慧似乎仍旧是天机不可泄露。借助这一思想，可以了解复杂网络世界的奥秘。

想象一个节点的诞生，它源自那无形的"道"。当两个节点相互连接，它们形成了事物的基本对立与统一，如同阴阳两极的交织。然而，如果网络世界仅止于此，那将过于简单。正如经典力学能够精确描述两个质点的运动，这样的世界缺乏了复杂性和多样性。

而"三"的出现，仿佛打破了这一平静。它不仅引入了混沌与不可解性，更为网络世界带来了全新的拓扑结构。从此，万物得以在网络的编织

中诞生与成长。如果将"一"视为世界的统一性,"二"则是差异的源头,那么"三"便是这两极交融的产物,孕育出无穷无尽的可能性。

网络究竟如何构造世界?我们似乎并不清楚"三"是如何催生万物的。传统的简化论研究方法在这里显得捉襟见肘,无法揭示其中的奥秘。正如Barabási所言,"有时我们就像拆开了心爱的玩具却无法重新装配的孩子,面对复杂的网络世界感到迷茫与无助"。

网络中的"三"或许揭示了世界潜在的统一性。无论是社交网络、神经网络,还是互联网,它们可能都遵循着某种共同的构成规则与性质。当深入了解这些规则与性质后,或许能够揭开网络构造世界的神秘面纱。

在未来的研究中,可以借鉴军事案例来进一步探索网络世界的奥秘。例如,通过研究战场上的指挥与控制网络,可以了解如何在复杂的环境中保持信息的畅通与决策的高效;通过分析网络攻击与防御的策略,可以揭示网络安全中的脆弱性与应对策略。这些军事案例不仅可以提供丰富的实践经验,更为深入理解网络世界提供了独特的视角。

五、装备系统工程

装备系统工程是以武器装备作为研究对象,从系统的整体目标出发,研究系统的论证、设计、试验、生产、使用、保障和退役处理,以实现系统优化的科学方法。

武器装备系统,除了主装备外,还有保障要素,如保障设备、技术资料、计算机资源、训练保障和维修资源保障等。主装备与保障要素共同构成武器装备系统,它们之间具有有机的联系,是一个不可分割的整体,如果失去某一要素，系统就不能完成预定的功能。如果在论证、设计、研制时，只注意主装备，而忽视保障要素，造成主装备与保障诸要素不匹配，或保障诸要素滞后主装备，必将制约主装备效能的形成和发挥。所以，在武器装备系统论证、研制时，对主装备和保障诸要素应同步考虑。即在装备最初设计阶段就要考虑装备保障诸要素，并随着装备研制工作的深入，要反复分析、综合权衡，使主装备和各保障要素之间、保障诸要素之间能够相互匹配、协调发展，保证武器装备系统在交付部队使用之后，就能尽快形成有效的战斗力。因此，装备的全系统管理，可以理解为从横向上通观装备全局，也就是说装备管理者要把管理对象的全部内在和外在因素作为一个整体系统来研究和处理，要把主装备及其配套的设施、设备、仪器、工具、器材、资料等保障部分进行通盘考虑；把战斗性、可靠性、维修性、安全性、保障性和战斗恢复率等都作为战术技术指标综合并优化到系统中，进行统筹考虑，统一解决，同步发展。

装备全寿命（或寿命周期），是指装备从立项论证到退役报废的整个过程。一般装备的寿命周期大致可分为立项论证、初步设计（预研）、详细设计及研制、生产及部署、使用维修、退役处理等阶段。装备的全寿命管理，可以理解为从纵向上对装备寿命周期的各阶段实行统筹管理。因为装备全寿命过程的各阶段工作有着密切的关系，例如，前期可靠性设计较差，后期生产工艺再好，也生产不出高可靠性的装备，使用维修阶段装备就会经常发生故障，影响部队战斗力的生成和持续。所以，早期的装备管理工作，对装备系统研制的成败关系甚大，早期的科学管理和正确决策，对武器系统的效能、费用和进度有着深远的影响，一旦进入生产及部署阶段，再进行修改，不仅费时、费钱，有时甚至不可能实现，如果把问题遗留到作战

使用阶段，将造成严重的后果。当然后期的管理也很重要，可靠性再好的武器装备，如果在使用维修阶段，违反操作规程，不进行科学维修，也会损坏，直接影响到装备的战斗力生成和装备的寿命周期。所以，只有对装备寿命周期的各阶段实施有机结合的管理，才能充分发挥装备系统的效能，延长装备的使用寿命，降低装备寿命周期费用。

装备全系统全寿命管理，是组织、指挥、控制主装备和保障要素以及装备从论证到退役的整个寿命周期各阶段的协调活动。装备工作是对装备科研、订货、保障部队使用直至装备退役、报废的全系统、全寿命管理活动。装备工作是军队工作的基本组成部分，是形成和提高部队战斗力、履行军队职能的重要保障。其基本任务是贯彻执行党中央、中央军委的方针、政策，发展适应军事斗争需要的装备，保持装备的适度规模和良好技术状态，建立和完善具有中国特色的装备体系，保障军队作战、训练和其他各项任务的顺利完成。装备系统工程为装备工作提供了成体系的方法技术，主要包括系统分析、系统预测、系统优化、系统决策、网络计划技术等。做好装备工作，需要将装备工作涉及的人、事、物看作一个系统，从而按照系统工程的思维方式思考问题，按照系统工程的理论与方法解决问题。

六、装备供应工程

装备供应工程是装备供应保障的系统工程，是用于装备供应系统建立及其运行的组织管理理论、方法和经验。具体包括供应系统的功能、组成、结构、环境、运行及其相关关系的分析和设计，建立完善的供应系统，及时、有效、经济地实施供应保障。或者可以将装备供应工程理解为：要依据系统的观点，运用处理工程技术问题的方法，进行装备供应系统的规划、设计、建造、运行和维护的组织管理，以求装备供应系统与作战环境的协调和系统整体运行的最佳效果。装备供应工程作为一项组织管理技术，其基本任务是以全系统、全过程、全寿命观点为指导，对装备供应保障实施科学管理。

装备供应工程研究的总目标是及时提供并不断改进和完善供应系统，使其与部队任务和装备相匹配，提高武器装备的战备完好性和保障能力，及时形成和保持装备作战能力。上述目标可以通过一系列具体的分目标来实现，例如，减少装备供应频数和供应工作量；减少装备供应延误时间，提高装备的可用性；在遭受战场打击的情况下，迅速采取应急手段恢复装备供应系统的全部或部分急需的功能或自救能力；降低对于装备供应人员数量和技能水平的要求，缩短训练周期；改进装备供应组织，改革装备供应管理，提高装备供应质量与效益。上述各个具体目标既互相联系，又各有不同，必须充分估计每一个具体目标对总目标的影响，统一权衡。

装备供应研究的重要性是由装备供应在战争中的地位和作用决定的。但有人把装备供应简单地等同于补给，缺乏系统观念，认为装备供应简单，无非是开、发调拨单；有人过分强调平战区别，重视战时，忽视平时，对装备供应在平时的重要性认识不足，只在战争来临时，才重视装备供应的突出地位。而实际上，装备供应千丝万缕，一环紧扣一环，任何一个环节出现问题，都影响整个装备供应工作。克服上述片面认识，需要提高对装备供应重要性、复杂性的认识。

总之，装备供应工程围绕装备供应能力与需求、装备保障主体与客体、装备保障系统与环境这三对矛盾，从全系统、全寿命观点出发，进行装备

的可供应性分析和解决供应问题，具有独特性、创造性，而且这种方法对其他军事物资的供应同样适用，因而装备供应工程的研究方法还具有普适性。总之，装备供应工程在研究对象、研究范围、研究内容、研究方法等方面，都具有自己的独特之处，是一个独立的学科。

七、北斗通信系统轨道设计

北斗通信系统的三种轨道设计——地球静止轨道（GEO）、倾斜地球同步轨道（IGSO）和中远地球轨道（MEO），各自具有独特的特点，并共同构成了一个巧妙的系统。GEO 卫星的特点是相对于地球自转是静止的，始终位于赤道上空的某一点。这种设计使得卫星可以持续不断地覆盖特定区域，对于需要持续监测和通信的应用非常有利。IGSO 卫星的轨道与赤道面有一定的倾角，通常是 55°。这种设计使得卫星能够在南北方向上进行移动，从而扩大了覆盖范围，并且其"8"字形的轨道也增加了对特定区域的访问频率。MEO 卫星则沿着与赤道面有一定倾角的轨道绕地球运行。这种轨道的卫星运行速度较快，能够快速地覆盖全球范围，对于全球性的通信和定位服务至关重要。

在军事应用中，北斗通信系统的三种轨道设计发挥了关键作用。由于战场环境复杂多变，通信稳定性至关重要。GEO 卫星提供了持续的通信链路，IGSO 卫星确保了战场南北通信无死角，而 MEO 卫星则快速传递了全球战况信息。这一综合轨道设计，使得指挥官能够实时掌控全局，迅速作出决策。通过在不同轨道上部署卫星，北斗通信系统能够在覆盖范围、定位精度、通信质量等多个方面进行优化和平衡，以满足不同用户的需求。

整体性设计是将系统的各个部分有机结合，形成一个统一、协调的整体。在北斗通信系统中，这体现为三种轨道的卫星相互协作，共同构建了一个全面、高效的通信网络。整体性设计的核心在于各组件间的协同工作，以达到最佳整体效能。北斗的三种轨道设计正是这一原理的体现，它们通过不同的运行轨迹，共同保证了通信的广覆盖、高效率和稳定性。

北斗通信系统的三种轨道设计充分体现了系统整体性思维，也体现了优化与平衡的系统思维。在进行系统设计时，应更加注重系统的整体效能和各组件的协同性，同时为了应对复杂多变的战场环境，还需加强系统的灵活性和适应性，确保系统高效、稳定和可靠运行。

八、C⁴ISR 系统

C⁴ISR 系统是一个军事术语，代表了军事指挥自动化系统的核心组成部分。这个术语是多个英文短语的缩写，分别为指挥（Command）、控制（Control）、通信（Communication）、计算机（Computers）、情报（Intelligence）、监视（Surveillance）和侦察（Reconnaissance）。

（1）组成与功能方面。C⁴ISR 系统主要包括六个部分：①指挥系统，综合运用现代科学和军事理论，实现作战信息收集、传递、处理的自动化和决策方法的科学化，从而高效指挥部队；②控制系统，用于搜集并显示情报信息，是确保指挥员对部队和武器实施有效控制的关键；③通信系统，负责在战场上的各个部队之间实时传递信息，保障信息的及时交流；④计算机系统，处理和分析各种数据，为指挥员提供决策支持，是整个系统的"大脑"；⑤情报系统，通过多种手段获取敌方情报，为作战提供关键的信

息支持；⑥监视与侦察系统，实时监测和侦察战场情况，为指挥员提供最新的战场动态。

（2）应用场景方面。C⁴ISR 系统能够在真实世界中实时传输信息，提供操作灵活性和战术优势，它能够在作战地形中迅速发现敌情，以便快速反应。系统能够传输和接收实时信息，及时调整作战策略，捕捉战机，开拓新的作战空间。

（3）重要性方面。C⁴ISR 系统是现代军队的"神经中枢"，是兵力的重要倍增器。随着科学技术的发展，C⁴ISR 系统不断融入新的信息技术，提高了指挥的时效性和准确性。未来，C⁴ISR 系统将更加注重信息化、智能化和网络化发展，以适应现代战争的需求。总的来说，C⁴ISR 系统是一个高度集成的信息化作战平台，它将各个子系统紧密联系在一起，形成一个强大的军事指挥自动化系统，为现代战争提供全面、高效的支持。

九、数字孪生及其军事应用

数字孪生概念由美国空军实验室提出，最初用来解决战斗机机体的维护问题。为实现虚拟空间的物理世界活动的实时监控与同步，打通物理世界和虚拟世界的连接，数字孪生体概念应运而生。数字孪生是充分利用物理模型、传感器更新、运行历史等数据，集成多学科、多物理量、多尺度、多概率的仿真过程，在虚拟空间中完成映射，从而反映相对应的实体装备的全生命周期过程。它也可以被视为一个或多个重要的、彼此依赖的装备系统的数字映射系统。

（1）在作战模拟与训练领域。数字孪生技术能够搭建智能模拟平台，该平台可以融合多种要素信息，如武装力量、武器系统、战场设施和环境等。通过模拟不同作战方案的作战效果，数字孪生技术帮助指挥官实现作战规划的最优化。此外，利用数字孪生技术，军事训练可以在虚拟环境中进行，这种训练方式可以减少对实际物资的依赖，降低训练风险，并根据士兵的实际情况进行个性化的训练，从而有效提高士兵的实战能力和应变能力。

（2）在战场态势感知与决策支持领域。数字孪生技术能够实时呈现战场态势，助力指挥官及时掌握打击目标与己方作战力量的状态，并高效进行目标打击效果评估和作战能力恢复。同时，它还可以预测评估未来战场状态，为指挥官提供科学的决策依据。

（3）在装备管理与维修保障领域。在装备管理方面，数字孪生模型利用传感器、射频识别等技术，动态收集并记录装备运行数据和维修保障数据，实时预测装备的健康状态。这种方式有效解决了传统人工统计和逐层汇总模式的不足，适应了现代战争中复杂的装备管理需求。此外，数字孪生技术在战机维修中也有显著应用，通过实时监测和预测战机的维修需求，提高维修效率和战机的可用性。

（4）在后勤保障与供应链管理领域。数字孪生技术同样可以应用于智能化战争的后勤工作中，通过预测和即时感知战场后勤需求，高效解决战场装备故障、物流等问题。此外，它还可以在供应链和运输网络管理中发挥作用，提升后勤保障资源的配置效率。

综上所述，数字孪生技术在军事领域的应用具有广泛的前景和巨大的潜力，无论是在作战模拟、训练、战场态势感知、决策支持，还是在装备管理、维修保障，以及后勤保障和供应链管理等方面，都能为军事行动提供强有力的支持。

第二章

漫谈系统思想

系统思想是系统思维在思想层面的具体体现，包括整体性思想、目的性思想、层次性思想、相关性思想等。一旦将事物看作一个系统，就能够在认识事物和改造事物中自觉运用系统思想。了解系统思想，有助于我们更加透彻地理解事物，更加合理高效地解决问题。

第一节　整体性思想

一、还原主义的危机

还原主义是一种哲学思想，它认为对于复杂的系统、事物、现象，可以将其化解为各部分的组合来加以理解和描述，简言之，就是整体等于部分的加和。按照这种观念,复杂事物的本质和规律可以由其组成部分的性质和规律来推导和解释。还原主义的思想在科学领域中有广泛的应用,人们常常通过将复杂的现象或系统分解为更简单的组成部分来研究和理解它们。例如,在物理学中,复杂的宏观现象可以通过分析原子和分子的行为来解释;在生物学中,生物体的复杂功能可以通过研究其细胞、基因和蛋白质等组成部分来理解。

还原思维有一定的优点,比如可以深入探索事物的本质和规律,有助于对复杂问题进行简化和解决。然而,还原思维忽视了事物的整体性和各部分之间的相互作用,从而导致对问题的片面理解。

在第二次世界大战期间,苏联红军面对纳粹德国的入侵,急需寻找有效的战术来对抗德军的装甲部队。由于苏联在战争初期遭受了重大损失,其工业生产主要集中于简单、大量生产的 T-34 坦克。为了迅速弥补数量上的劣势,苏联红军采取了一种称为"坦克海"的战术。这种战术的核心思想是通过大量集中使用低档次的 T-34 坦克,以期通过数量的优势来击败德

军的装甲部队。苏联红军在短时间内生产了大量 T-34 坦克，并将其投入战场。然而，在实际战斗中，这种战术并未取得预期的效果。尽管苏联红军在坦克数量上占据了绝对优势，但其性能不足且缺乏协同，在与德军高性能、高质量、高技术、高协同的装甲部队对抗中被轻松击败。

苏联红军采用的就是还原主义思维，认为数量足够大，其效能就会大幅度增加，而军事对抗是一个复杂系统，德军通过质量和技术优势，尤其是战术协同，其效能出现涌现式增加，从而取得了胜利。

在处理复杂系统问题时，避免还原主义思维，并自觉牢固树立系统思维，是解决决策问题的关键。比如，在军事装备的发展中，应注重质量和技术上的提升，而不仅是追求数量上的优势，只有具备高质量、高技术的装备，才能在战场上取得更好的表现；在制定军事战略和战术时，应综合考虑多种因素，包括敌我双方的实力对比、战场环境、作战任务等，只有综合考虑各种因素，才能制定出更加科学、合理的战略和战术方案。

二、线性思维的陷阱

线性思维是一种直线的、单向的、单维的、缺乏变化的思维方式。它的特点是按照一种固定的逻辑或模式去思考问题，忽视或不考虑其他可能的变化和因素。线性思维往往把问题简化成一系列的因果关系，认为只要找到了问题的原因，就能直接找到解决问题的方法。在军事领域中，线性思维可能导致对战场环境的误判、对敌人意图的误解，以及对战略和战术的僵化应用。

1812 年，拿破仑率领庞大的军队入侵俄国，他期待快速取得胜利，因为他在之前的战争中常常通过迅速、果断的打击来击败敌人。然而，这次他面对的是广阔的俄国领土和坚韧的俄国人民。俄国采取了撤退并焚烧沿途村庄的"焦土政策"，使拿破仑的军队无法获得足够的补给。随着冬季的来临，拿破仑的军队在严寒、饥饿和疾病中遭受了巨大的损失，最终被迫撤退，这次入侵以失败告终。

拿破仑的线性思维体现在他预计俄国人会按照常规方式与其交战，以及他可以通过一次决定性的战役迫使俄国投降。线性思维具有一定的局限性，特别是在复杂和多变的环境中。拿破仑未能适应俄国的非线性战略和环境条件，导致了他的失败。这也提醒我们，在军事和战略决策中，需要更加灵活和全面地思考问题，避免陷入线性思维的陷阱。在制订作战计划时，如果只考虑己方的优势和敌人的劣势，而忽视了地形、天气、民心等其他因素，就可能导致计划的失败。

线性思维导致决策失败的案例比比皆是。例如：日本偷袭珍珠港事件中，日本线性地认为通过偷袭珍珠港可以摧毁美国的太平洋舰队，从而确保其在亚洲的霸权，而未考虑这一行动促使美国全面介入战争，最终导致了日本的战败；在美国参与越南战争中，线性地认为通过增派兵力和使用先进武器可以迅速击败北越，而未充分考虑越南的地形、民心和游击战术都使美国的这一战略失效，最终美国被迫撤军，等等。

线性思维在简单、稳定的环境中可能有一定的适用性，但在复杂、多变的环境中，非线性思维往往更能适应变化并找到有效的解决方法。非线性思维是系统思维的一种，它强调可变性、多样性和复杂性。在军事决策中，非线性思维要求决策者全面考虑各种可能的变化和因素，制定灵活多变的战略和战术，以应对复杂多变的战场环境。

三、功能涌现的系统

2018 年 1 月，由 13 架 DIY 无人机组成的蜂群袭击了位于叙利亚西部的赫梅米姆空军基地和塔尔图斯海军设施。尽管这些基地拥有强大的防空部署，但无人机蜂群的攻击仍然取得了一定的效果，这凸显了无人机蜂群作战在实战中的应用潜力。

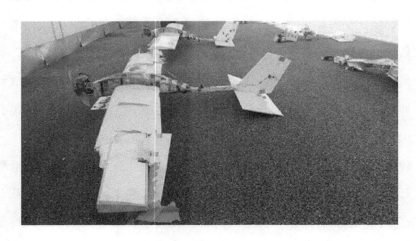

系统突现性是指在一个复杂系统中，由于系统内部的非线性相互作用和自组织过程，当各个组成部分相互作用时，系统整体会涌现出新的、不可预测的性质和行为。

在此次袭击中，单个无人机的威力有限，无人机通过协同作战，突然涌现出强大的攻击能力，给基地设施造成了严重破坏。这种突现性源于系统的非线性和动态性。无人机蜂群通过编程协同达成集体行动，形成了难以防御的攻击力量，由于其行动相互依赖，每个无人机的微小变化都可能影响整个系统的行为，预测和防范此类攻击极具挑战性。

系统的突现性提醒我们，在设计和使用复杂系统时，需要深入研究突现性的产生机理，充分考虑系统内部的非线性相互作用和自组织过程，从而更好地理解和应对复杂系统带来的挑战。对于军事领域而言，应加强对智能化作战指挥系统的研发和应用，同时也要警惕敌方可能利用系统突现性带来的威胁。在对策上，可以通过增强系统的鲁棒性和适应性来降低突现性带来的风险，同时也要加强对系统行为的监控和预测能力。

四、整体思维的爆发

人类的思维发展历史，经历了中国古代的系统思想、现代西方的还原论、系统论的发展历程，是一个螺旋发展的过程。

中国古代的系统思想是一种整体性的思维方式，强调把事物诸因素联系起来作为一个整体或系统进行分析和综合。这种思维方式在中国古代的许多领域都有所体现，包括哲学、医学、军事、农业等。在哲学方面，中国古人认为万物都是由道产生的，而道又是贯穿于万物的内在联系，这种系统观体现了中华文化对宇宙万物的整体性认识；在医学领域，中医认为人体是一个有机整体，各脏腑、组织、器官在生理上相互联系，在病理上相互影响；在军事领域，《孙子兵法》等著作强调从系统思维看军事，强调要慎重对待战争，并通过全面的分析和综合来制定克敌制胜的策略；在农业方面，中国古人认为农业生产是一个复杂的系统，需要考虑天时、地利、人和等多个因素，注重观察自然现象，总结经验教训，形成了许多具有指导意义的农业生产技术和管理方法。中国古代的系统思维是一种注重

整体性和综合性的思维方式，它在中国的传统文化和实践中发挥了重要作用。

但是，在解释世界时，中国古代系统思想也存在一定缺陷，比如在用五行学说解释世界由什么构成时，它认为"世界是由金、木、水、火、土构成"，如果进一步询问"金"是由什么构成时，它可能会回答"金是由下一层次的金、木、水、火、土构成"，如此往复，尽管能够自成体系并逻辑自洽，但在继续解释下去时，很难让人清晰地知道最终是什么。

与之对应的是现代西方的还原论，这是一种哲学和科学方法论，主张将复杂的事物或现象分解为基本的组成部分或元素，以便更好地理解和分析它们。这种方法论认为，通过了解一个系统的各个组成部分，可以推断出整个系统的性质和行为。还原论在自然科学领域有着广泛的应用，如物理学、化学和生物学等。科学家们通过将复杂的现象分解为简单的部分，以便进行实验和观察，从而更好地理解这些现象的本质和规律。

在解释世界时，还原论也陷入了困境。在解释不同事物时，可以发现不管是人也好，还是树木也好，一旦分解下去，都是由分子、原子组成，用还原论的观点，人和树木应该没有区别，这显然与人们的认知有着巨大差异。

将中国古代的系统思想和现代西方的还原论相结合，则形成了系统论的思维方式。在解决问题时，系统论遵循整体、分析、再整体的思路。首先，从整体的角度出发，对问题进行全面的认识和把握。这一阶段的目标是了解问题的背景、涉及的因素以及它们之间的相互关系，从而形成一个初步的整体印象。这种整体性的认识有助于避免片面地看待问题，为后续的深入分析奠定基础。然后，进入分析阶段，需要对整体进行分解，深入研究各个组成部分以及它们之间的相互作用。通过分析，可以揭示出问题的内在结构和运行机制，进而找到解决问题的关键所在。分析的过程需要运用各种科学方法和技术手段，以确保结果的准确性和有效性。最后，再回到整体的角度，对分析结果进行综合和整合。这一阶段的目标是将各个部分的分析结果有机地结合起来，形成一个全面的解决方案。在综合的过程中，需要注重各个部分之间的协调性和一致性，确保解决方案能够真正地解决问题并达到预期的效果。

总之，系统论解决问题的思路是一个循环往复、不断深化的过程。通过整体、分析、再整体的思路，可以逐步深入地认识问题、找到解决问题的关键所在，并最终形成一个全面、有效的解决方案。

五、体系思维的得失

（一）案例：防空反导体系

防空反导体系是一个综合性的军事防御系统，主要用于抵御敌方空中威胁，包括飞机、导弹、无人机等。它集成了多种探测、跟踪、拦截和指挥控制技术，以构建一个多层、多维的防御网络。

防空反导体系主要包括以下几个子系统。一是预警探测系统。它是防空反导体系的"眼睛和耳朵"，负责及时发现和识别敌方目标，包括地面雷达站、空中预警机、天基卫星等多种探测手段，以实现对不同高度、速度和方向的目标进行全天候、全方位的监控。二是指挥控制系统。它是防空

反导体系的"大脑",负责收集和处理来自各探测系统的信息,评估威胁程度,制定拦截方案,并下达作战指令,具备高效的信息处理能力、智能的决策支持功能和稳定的通信传输能力。三是拦截武器系统。它是防空反导体系的"拳头",负责执行拦截任务,摧毁或迫使敌方目标改变飞行轨迹,包括地空导弹、高炮、激光武器等多种拦截手段,以形成远中近、高中低的多层拦截能力。

在防空反导体系中,各个子系统之间需要紧密配合、相互支持,才能发挥防空反导体系的整体效能。例如,预警探测系统需要及时将探测到的目标信息传输给指挥控制系统,指挥控制系统需要根据目标信息制定合适的拦截方案并下达给拦截武器系统,拦截武器系统需要准确执行拦截任务并将结果反馈给指挥控制系统。此外,防空反导体系还需要与其他军事系统(如空军、海军等)进行协同作战,以实现信息共享、任务分配和战果评估。这需要建立一个统一的作战指挥体系和高效的协同通信机制。

(二)案例:OODA 循环

OODA 体系,即 Observation(观察)、Orientation(判断)、Decision(决策)、Action(行动),也称为包以德循环或 OODA 循环。这一理论是由美国空军上校约翰·伯伊德(John Boyd)提出的。他认为,武装冲突可以看作是敌对双方互相较量,看谁能更快更好地完成这个循环过程。

具体来说,OODA 循环是一个描述冲突过程的模型,从侦察开始,经过调整、决策和行动,形成一个连续的循环。这个循环具有周期性和嵌套性,意味着一个循环的结束是另一个新循环的开始,而且大循环中包含小循环。

在作战中，对抗各方会不断观察周围环境、获取相关信息、判断威胁，即时调整，做出决策，并采取相应的行动。冲突的结果在很大程度上取决于谁能更快地完成这个循环。

此外，OODA 体系还广泛应用于非军事领域，如商业决策、项目管理等，用于描述和解释一般意义上的决策处理过程。在商业环境中，企业可以通过观察市场趋势、客户需求等信息，进行判断和决策，然后采取行动来满足市场需求，从而获取竞争优势。

总的来说，OODA 体系是一个强调快速决策和行动的理论模型，对于理解和应对复杂、动态的冲突环境具有重要意义。

（三）优势：抓捕本·拉登中美军的作战体系

在抓捕本·拉登的过程中，美国的作战体系构成和运行特点表现得尤为突出。这一行动不仅是对恐怖主义的一次重大打击，更展现了美国军事和情报体系的卓越能力。

首先，美国作战体系的构成非常多元化，涵盖了情报、特种作战、空中支援、后勤保障等多个方面。在抓捕本·拉登的行动中，情报体系发挥了至关重要的作用。通过长期的监听、侦察和数据分析，美国情报机构逐渐锁定了本·拉登的藏身之地。同时，特种作战部队也进行了长期的训练和准备，以确保在关键时刻能够迅速、准确地采取行动。

其次，美国作战体系的运行特点表现为高度的协同性和灵活性。在行动中，各个环节紧密配合，形成了一个高效、统一的作战整体。情报机构与特种部队之间保持着密切的沟通与合作，确保信息的及时传递和准确理解。此外，美国还充分利用了其空中支援和后勤保障能力，为行动提供了

有力的支援和保障。

在具体行动上，展现了美国作战体系的卓越能力。通过精确的情报分析和判断，美国成功锁定了本·拉登的藏身地点。随后，特种部队在夜间进行了突袭行动，成功击毙了本·拉登并捕获了大量有价值的情报。整个行动过程中，美国作战体系的各个环节都表现出了高度的专业素养和协同能力。

总的来说，抓捕本·拉登的行动充分展现了美国作战体系的构成多元化和运行特点协同性、灵活性的优势。这一成功行动不仅打击了恐怖主义的气焰，也进一步彰显了美国在全球反恐斗争中的领导地位。同时，这次行动也为其他国家提供了宝贵的经验和借鉴，推动了全球反恐合作的发展。

（四）失效：萨达姆军队"一夜蒸发"

萨达姆时期的伊拉克军队，一度被誉为中东地区的雄狮，其军事力量之强大，足以令任何对手胆寒。然而，在海湾战争中，这支庞大的军队却在美军的高科技攻势下几乎"一夜蒸发"。尽管伊拉克的主战装备数量与美国相当，但在实际作战中，其表现却大相径庭。

究其原因，伊拉克的军事体系在面对高技术战争的挑战时显得陈旧而脆弱。其内部指挥、控制、通信和情报系统（C^3I系统）的失效，使得伊拉克军队在战场上陷入了指挥失灵、通信中断的困境，战斗力大打折扣。而美军则凭借先进的信息化技术和灵活的战术手段，对伊拉克军队发起了致命的信息战和心理战。

在这场体系对抗中，伊拉克军队的崩溃并非偶然。其军事体系的脆弱性和对外部打击的敏感性，使得美军的信息战和心理战得以迅速奏效。伊拉克军队的士气、指挥和协同作战能力在美军的攻势下迅速下降，形成了恶性循环。最终，伊拉克军队的 C^3I 系统全面瘫痪，整个军事体系土崩瓦解。

这一案例深刻揭示了体系对抗中的非线性因果关系和体系崩溃的连锁反应特性。在军事领域，任何一个要素的变化都可能对整个体系产生重大影响。因此，现代军事建设必须高度重视系统的韧性和适应性，通过加强信息化建设、提升指挥控制系统的抗干扰能力、培养官兵临危不乱的心理素质等措施，有效预防体系崩溃的发生。同时，针对未来战场的不确定性，建立灵活多变的作战计划和预案也至关重要。只有这样，才能在激烈的体系对抗中立于不败之地。

第二节　目的性思想

一、看主要目的：高炮不能打下更多的飞机，是否划算

在第二次世界大战期间，英国面临着保护其海上生命线——商船队的紧迫任务。这些商船负责运输战争所需的物资和人员，因此成为敌方飞机的主要攻击目标。为了保护这些商船，英国军方部署了高炮系统。但是高炮系统对于英国来说还不够多，应用在防护商船上，就不能部署到阵地上，

而实际上，部署到阵地上的高炮系统能够打下更多的敌机。

高炮没能打下更多的飞机，还算有用吗？分析是否有用，需要从系统的目的性出发。系统的目的性是指系统在特定环境下，具有达到某种最终状态的特性，它贯穿于系统发展的全过程，并体现了系统发展的总体趋势和倾向。这种目的性通常与系统的整体性紧密相连，即系统中各个要素的集合是为了实现某种特定的目的。

在理解系统的目的性时，需要注意以下几点。

（1）系统的目的性是系统的一种固有属性，它是系统存在和发展的重要依据。

（2）系统的目的性通常表现为系统对某种预先确定的状态的趋向性，这种趋向性不受或很少受条件变化或途径经历的影响。

（3）系统的目的性与系统的功能紧密相关，系统的功能是为了实现系统的目的而存在的。

在英国高炮防护商船的军事案例中，高炮防护系统的目的就是保护商船免受敌方飞机的攻击，评判高炮系统部署这件事情，需要看是否达到了部署的目的。虽然高炮没能打下更多的飞机，但达成了对商船的有效保护，减少了商船的损失，目的性达到了！

为了实现系统的目的，可以采取一系列措施，如优化系统设计、提高系统组件的效率和协调性、增强系统的灵活性和适应性等。这些措施有助于系统更好地适应环境变化，实现预定目标。

二、重适应环境：四渡赤水的顺势而为

1935 年 1 月 19 日，中央红军由遵义地区北进，预定夺取川黔边境的土城、赤水县城，相机从四川的泸州和宜宾之间北渡长江。蒋介石急调重兵布防于川黔边境，封锁长江。1 月 28 日，红军在土城战斗中因敌军不断增援，再战不利，乃奉命撤出战斗，1 月 29 日凌晨，从元厚、土城地区一渡赤水河，挥师西向进至川滇边的扎西集中。川滇敌军很快又从南北两面向扎西逼近。这时红军决定暂缓执行北渡长江的计划，突然掉头东进，摆脱敌军，于 2 月 18 日至 21 日二渡赤水，重入贵州，奇袭娄山关，再占遵义城。蒋介石在打了败仗之后，调整部署，指挥多路敌军向遵义、鸭溪一带合围。红军迅速跳出敌军的合围圈，再次转兵西进，于 3 月 16 日至 17 日三渡赤水，重入川南。蒋介石以为红军又要北渡长江，急忙调动重兵围堵。红军突然又挥师东进，折返贵州，于 3 月 21 日晚至 22 日四渡赤水。之后，

红军向云南急进，5 月初渡过金沙江，摆脱了敌军的追堵拦截。

四渡赤水战役中，系统的目标不断变化，这种变化合适吗？

实际上，这种目标变化恰恰反映了系统的目的性思想，正确的目的或目标，总是需要最优地适应环境变化。面对敌军重兵围堵，红军没有硬拼，而是根据环境灵活转变战略目标，四次渡过赤水河，成功摆脱敌军，展现出目标与环境的完美适应。

合适的目标不仅要考虑自身能力，更要考虑外部环境。环境是不断变化的，目标必须随之调整，才能确保行动的有效性。适应环境的目标能够最大限度地利用环境资源，减少环境带来的阻力。通过不断调整目标，使其与环境相协调，可以提高行动的成功率。

因此，在制定目标时，要充分考虑环境因素，评估环境对目标实现的影响。同时，要保持目标的灵活性，随时根据环境变化进行调整。在实施过程中，要密切关注环境变化，及时调整策略，确保目标与环境的持续适应。

三、忌偏离实际：德国"巴巴罗萨"行动失败

1941 年 6 月 22 日，纳粹德国对苏联发动了代号"巴巴罗萨"的大规模入侵行动。该行动的目的是消灭苏联对德国的潜在威胁，夺取其丰富的自然资源，并为德国在欧洲的进一步扩张创造空间。德国的目的虽然是多方面的，但主要是战略上的，迅速击败苏联，避免两线作战，并确保德国在东欧的长期统治。为此，德国设定了一系列目标，包括占领莫斯科、列宁格勒和其他重要城市，摧毁苏联的军事工业基础，以及消灭其军队和政治领导层。

德国制定了一个雄心勃勃的计划，预计在短时间内通过闪电战迅速击败苏联。然而，这个计划忽视了苏联的巨大地理规模和人口优势，以及潜在的抵抗意志和韧性。尽管德国在战争初期取得了一些惊人的胜利，但由于多种因素，包括苏联的顽强抵抗、恶劣的天气条件（特别是冬季）、供应线的拉长，以及德国军队对苏联情况的误判，德国的行动迅速陷入困境。

做事情需明确并遵循系统的目的性。系统目的性指的是行动前设定明确、合理且可实现的目标，以及根据这些目标制定周密的计划。系统的目的性确保所有行动都围绕一个中心目标展开，资源得到合理分配，行动更加有序和高效。缺乏系统目的性，行动可能变得混乱、无效，甚至失败。

系统目的性要求我们始终将系统目的作为决策和行动的出发点，而德国由于没有遵循系统目的性，未能有效地监控战场情况并根据实际情况调整其战略和战术，当面对苏联的反攻和不利条件时，德国军队过于依赖闪电战战术，缺乏灵活性和适应性，忽视了持久战和消耗战的可能性，最终，

"巴巴罗萨"行动未能实现其既定目标。德国军队在苏联遭遇了毁灭性的失败，损失了大量兵力和物资，被迫在随后的几年里进行艰苦的防御战。这场失败对德国在第二次世界大战中的整体战略地位产生了深远的影响，并最终导致了其在战争中的彻底失败。

"巴巴罗萨"行动表明，不考虑实际情况和目标设定过于理想化，会导致行动偏离实际。因此，做事情前应充分评估各种因素，设定切实可行的目标，并制定灵活可调整的计划。同时，行动中应不断监控进展，根据实际情况及时调整策略，确保行动始终朝着预定目标前进。

第三节　层次性思想

层次性思想是指由于系统中诸要素的种种差异（包括结合方式上的差异），从而使系统组织在地位与作用、结构与功能上表现出等级次序性，形成具有质的差异的系统等级。层次概念可以反映这种有质的差异的不同的系统等级或系统中的等级差异性。任何系统都具有层次性。一个系统不是孤立的，它和周围环境在相互作用下可以按特定关系组成较高一级系统。同时，任何一个系统的要素，也可在相互作用下按一定关系成为较低一级的系统，即子系统。而组成子系统的要素本身还可以成为更低一级的系统。层次性是系统本身的规定性，它反映系统从简单到复杂、从低级到高级的发展过程。层次不同，系统的属性、结构、功能也不同。层次越高，其属性、结构、功能也就越复杂。层次性往往可表现为时间层次性和空间层次性。

一、软件系统开发分层架构

层次性思想是一种重要的思维方式，它强调将复杂的问题或系统分解为不同层次的部分，以便更好地理解、分析和解决问题。这种思想应用广泛，具有以下几个特点。

（1）分解与整合。层次性思想首先将整体问题或系统分解为若干层次，每个层次都有其特定的功能和属性。在理解和分析每个层次的基础上，再将它们整合起来，形成对整体问题的全面认识。以软件开发中的架构设计为例，一个典型的软件架构通常包括表示层、业务逻辑层和数据访问层等多个层次。架构师首先将整个软件系统分解为不同的层次，每个层次负责不同的功能。表示层负责与用户交互，业务逻辑层处理核心业务逻辑，数据访问层负责与数据库进行交互。在明确每个层次的职责后，架构师再将它们整合在一起，形成一个完整的软件系统。

（2）结构化思维。通过将问题或系统划分为不同的层次，层次性思想提供了一种结构化的思维方式。这种结构化有助于清晰地展示问题或系统的组成部分以及它们之间的关系。在软件开发中，架构师可以清晰地展示软件系统的组成部分以及它们之间的交互关系。这种结构化思维有助于降低系统的复杂性，提高可维护性。

（3）逐级递进。层次性思想强调从抽象到具体、从宏观到微观的逐级递进。先从最高层次理解整体框架，再逐渐深入到更低的层次，获取更详细的信息。在架构设计过程中，架构师通常先从宏观上确定整体架构风格（如分层架构、微服务架构等），再逐渐深入到每个层次的详细设计。这种

逐级递进的方法有助于保持设计的连贯性和一致性。

（4）灵活性与可扩展性。层次性思想允许在不同的层次上进行分析和决策，根据需要可以灵活地调整层次的划分。同时，随着对问题或系统认识的深入，可以扩展新的层次。软件开发中，开发人员可以在不影响其他层次的情况下，对表示层进行界面优化或添加新的用户界面；也可以在业务逻辑层添加新的业务功能或修改现有业务逻辑，从而使软件系统能够更好地适应需求变化和技术发展。

二、年度训练工作重点之变

一个系统在不同时期表现出不同的性质和特点，解决不同时期的同一个系统问题，要考虑其时间层次性，关注时间层次性，可以掌握不同阶段问题的重点，从而更有针对性地解决问题。以军事训练为例，一个年度中不同月份的军事训练重点有所不同，这体现了军事训练的系统性和时间层次性。不同月份中军事训练的重点会不断变化，具体如下。

1月：基础体能训练月。训练重点包括：士兵体能的恢复与提升，为全年度的训练打下坚实基础；开展长跑、力量训练、耐力训练等基础体能训练项目；强调体能训练的科学性和系统性，减少训练伤病，等等。

2月：战术基础训练月。训练重点包括：复习和巩固基本的战术动作和战斗队形；开展战术动作规范性和实战性训练，提高士兵战术素养等。

3月：专业技能训练月。训练重点是针对各兵种、各专业的不同需求，开展专业技能训练，如炮兵进行火炮操作训练，通信兵进行通信设备操作训练等，训练中强调专业技能的熟练度和精确度，提高士兵的专业素质。

4月：合成演练与协同训练月。训练重点是开展多兵种、多专业的合成演练和协同训练，强调各兵种、各专业之间的协同配合和战术协同，提高部队的整体作战能力和协同作战水平。

5月：实战化训练月。训练重点是贴近实战环境，开展实战化训练，如夜间训练、山地训练、沙漠训练等，强调训练的实战性和应用性，提高士兵的实战能力。

6月：技术革新与装备操作训练月。训练重点是针对新装备、新技术进行专项训练，如无人机操作训练、智能化装备操作训练等，强调对新装备、新技术的掌握和运用能力。

7月至12月：综合演练与评估月。训练重点是在前期各项训练的基础上，开展综合性的战术演练和评估活动，强调战术演练的实战性和整体性，检验部队的训练成果和作战能力，针对演练中暴露出的问题和不足，进行针对性的改进和提高。

对系统进行管理控制的过程，实际上就是对系统层次进行协调的过程。通过科学合理地安排不同月份的训练重点，可以确保士兵在全年度的训练中得到全面、均衡的发展，提高部队的整体作战能力。

三、导弹防御体系构建思考

从不同层次看同一问题，差距可能会非常大。这主要是因为不同层次所关注的焦点、考虑的因素和采用的方法都有所不同，导致对问题的认识和解决方案有显著的差异。如针对导弹防御系统构建问题，导弹防御系统是一个多层次、复杂的问题领域，不同层次的问题需要考虑不同

的因素和方法。

（1）在战略层次，人们需要考虑的是如何构建一个全面、有效的导弹防御体系，以保护国家的重要目标和民众的安全。在这一层次，考虑的因素主要包括威胁评估、资源分配和战略规划，需要分析潜在敌人的导弹能力和意图，确定导弹防御系统的优先发展方向，并制定相应的战略规划。可能会采用模拟推演、战争游戏和专家咨询等手段，以确保战略决策的科学性和有效性。

（2）在战术层次，导弹防御系统构建需要考虑的问题则更加具体和细化。例如，在导弹拦截过程中，如何选择合适的拦截点、确定最佳的拦截时机以及使用何种拦截手段等。在这一层次，考虑的因素主要包括导弹的飞行轨迹、速度、高度以及拦截弹的性能和可靠性等。可能会采用先进的传感器和雷达技术进行导弹探测和跟踪，利用高速计算机进行拦截轨迹的精确计算，以及采用实战演练和模拟训练等方式提高操作人员的战术素养和反应能力。

（3）在技术层次，导弹防御系统的问题则更加专业和复杂。例如，在导弹拦截弹的研制过程中，需要考虑如何提高拦截弹的制导精度、增强其抗干扰能力以及优化其爆炸效果等。在这一层次，考虑的因素主要包括物理原理、材料科学、电子技术和控制理论等。可能会与科研机构和企业合作，进行技术攻关和创新研究，利用风洞实验、飞行试验和实弹打靶等手段验证新技术的可行性和有效性。

通过上述案例可以看到，战略、战术和技术三个层次的问题具有明显的差异性和关联性。掌握系统的层次性，就能够理解不同层次看问题的差异，认识到不同层次的问题需要考虑的因素和方法的不同。只有综合考虑各个层次的因素和方法，才能全面地理解问题，进而有效地解决问题。

四、弹药消耗预计层次划分

弹药消耗预计是弹药供应的前提，也是弹药保障业务决策的基础。不同层次的弹药消耗预计问题，其考虑因素和预测方法各不相同。

战术级的弹药消耗预计，往往关注的是用什么弹药打击什么目标，在明确要打击的目标以及需要打击到什么程度的情况下，只要优选出最合适的弹药，然后根据弹药目标匹配时所需要的弹药数量，就能够精确地预计出弹药的实际需求，指导弹药保障工作。

在进行战役级的弹药消耗预计时，由于战斗的随机性，在打仗前很难预料出每一个需要打击的目标和毁伤要求，战术级所采用的弹药目标匹配方法就难以奏效。这时，可考虑的因素往往在于作战样式、作战规律、作战强度、作战时间、作战环境等较为宏观的因素，而使用的方法也要更加宏观，把战场中的弹药消耗问题看作一个类似于"黑箱"的整体，采用类比的方法更为粗略地考虑弹药消耗问题，尽管看起来不够"科学"，但实际上由于面向了更为复杂的系统问题，反而更加容易得到反映战役特征的满意解。

进行战略级的弹药消耗预计，又成为一个更高层次的问题。在战略层次上，弹药的消耗又往往取决于经费投入、生产能力、工业水平、战争承受能力等因素。如果投入足够大，就可以购买更加先进、效能更高的弹药，反之则只能更多购买常规弹药；如果工业水平足够高，就可以采用非对称作战方式来购置弹药，甚至能够做到零伤亡；如果弹药生产能力足够高，

就可以储存更为少量的弹药，需要的时候再生产也来得及；如果弹药储存寿命存在短板，大量购置可能会造成浪费等。

由此可见，尽管都是弹药消耗预计问题，但在不同的层次，会站在不同的角度考虑问题，也就需要不同的方法。进行弹药消耗预计，需要从不同方法出发，把弹药消耗看作一个复杂关联的系统，从而得到最为有效的预计结果。

第四节 相关性思想

一、系统内要素相关：防空导弹的作用机理

系统中任何一个要素的存在和运动变化都与其他要素相关联，处理其中一个要素时，必须充分考虑该要素对其他要素的影响和作用。

防空导弹系统通常包括发射车、搜索车和指挥车等。其中，发射车负责装载和发射防空导弹，包括导弹、制导装置和发动机等；搜索车主要用于对目标进行探测和跟踪，并实时传输目标信息；指挥车用于控制整个系统的操作，包括接收雷达信号、处理数据、控制发射和搜索车辆等；其他设备包括通信设备、气象仪器、导航设备等，用于保障系统的正常运转。上述构成要素之间具有多方面的相关性。

（1）这些要素通过协同工作来实现防空导弹系统的整体功能。例如，搜索车负责探测和跟踪目标，将目标信息传输给指挥车；指挥车根据接收

到的信息进行处理，并下达指令给发射车；发射车根据指令发射防空导弹。在这个过程中，通信设备起到了至关重要的作用，保证各要素之间的信息传输畅通无阻。

（2）气象仪器和导航设备也为防空导弹系统的正常运行提供了重要支持。气象仪器可以实时监测天气状况，为系统提供必要的气象信息，以便在恶劣天气条件下采取相应的措施。导航设备则可以为系统提供精确的定位和导航信息，确保各要素能够准确地到达指定位置并执行任务。

（3）这些要素之间的相关性还体现在其相互依存的关系上。任何一个要素故障或失效都可能对整个系统的运行产生影响。因此，在设计和使用防空导弹系统时，需要充分考虑各要素之间的相关性和相互依存关系，确保系统的可靠性和稳定性。

综上所述，防空导弹系统中发射车、搜索车、指挥车、通信设备、气象仪器和导航设备等要素之间的相关性体现在协同工作、信息传输、相互依存等多个方面。这些要素共同构成了防空导弹系统的整体架构，确保了系统的正常运行和有效防御。

认识系统内部要素的相关性对于理解和管理系统具有重要意义。一是提高系统效率。通过了解系统内部要素之间的相关性，可以帮助优化要素之间的相互作用，协调不同要素之间的关系，消除冗余和冲突，使系统更加高效、稳定地运行。二是增强系统稳定性。当某个要素发生变化时，其他要素也会受到影响，了解这些影响及其传递路径可以帮助预测和控制系统的行为，从而增强系统的稳定性。三是促进系统创新。通过对系统内部要素相关性的深入研究，可以发现新的要素组合和相互作用方式，从而推动系统的创新和发展。四是有效解决问题。在系统运行过程中难免会遇到

各种问题和挑战，了解系统内部要素的相关性可以帮助快速定位问题的根源，采取有效的措施进行解决，并有助于减少故障排查和修复的时间，提高系统的可用性和可靠性。五是指导系统设计。在系统设计阶段，考虑系统内部要素相关性可以指导设计出更加合理、有效的系统结构，有助于确保系统在实现预定功能的同时，具有良好的可扩展性、可维护性和可重用性。

二、系统与环境相关：错综复杂的阿富汗战争

系统所处的外界环境一直在变化，系统必须不断地与外界环境进行物质交换和能量转移，以保持自身的稳定和发展。因此，系统与环境具有广泛的相关性。在军事领域，系统内部因素如军事部队、指挥结构、武器装备等，总是在一定的环境中运转，这些环境包括地理环境、政治环境、经济环境、社会环境以及技术环境等，环境的变化也会直接影响系统的效能和生存能力。

阿富汗战争中面临以下环境：在地理环境方面，阿富汗是一个山地国家，地形复杂，有利于游击战和隐蔽行动；在政治环境方面，阿富汗国内政治局势长期不稳定，存在多个武装派别和恐怖组织；在社会环境方面，民众对外部势力的态度复杂，地方部落势力强大。

作战双方组织的作战系统中，美军及北约部队拥有先进的武器装备和强大的空中支援能力，而阿富汗政府军的训练水平和装备相对较差，但在某些地区拥有一定的民众支持。

在作战过程中，美军虽然拥有技术优势，但在阿富汗的复杂地形和部

落社会中，难以有效追踪和消灭敌人；阿富汗政府军在一定程度上能够利用地方部落的支持，但在面对强大的敌人时，往往难以有效应对。

这种相关性决定了战争的最终结果。一方面，战争持续多年，美军和北约部队难以取得决定性胜利，最终选择撤军；另一方面，阿富汗政治局势依然不稳定，恐怖主义和武装冲突仍然存在。

由此可见，系统和环境之间的相关性对于军事行动的结果具有重要影响。在制定军事战略和计划时，必须充分考虑环境因素，并根据环境的变化及时调整系统的结构和功能。

三、相关性思想应用：朝鲜半岛核问题

朝鲜半岛核问题，源于朝鲜为求自保而发展核武器，此举不仅引发了地区安全和外交风波，更让国际社会深感忧虑。美国、中国、韩国、俄罗斯和日本等相关国家纷纷投身其中，试图寻找解决之道。这一问题的复杂性和敏感性，堪比一场没有硝烟的战争。

历史上，军事冲突往往因误判和缺乏沟通而升级。朝鲜半岛核问题的解决，同样需要各方保持冷静、克制，坚持通过对话协商以和平方式解决。在这方面，总体国家安全观为我们提供了宝贵的指导。它强调内外安全并重，既要关注国土安全，也要重视国民安全；既要应对传统安全威胁，也要防范非传统安全风险。这种全面的安全观，有助于在朝鲜半岛核问题上形成更加全面、深入的认识。

在军事领域，系统安全观同样具有重要意义。它要求我们从整体、综合、动态的角度看待安全问题，注重各安全要素之间的相互联系和影响。

朝鲜半岛核问题就是一个典型的系统安全问题。任何一方的单独行动，都可能破坏整个系统的平衡，引发不可预知的后果。因此，必须通过对话协商，找到各方都能接受的解决方案，维护半岛和平与稳定。

以史为鉴，可以知兴替。在解决朝鲜半岛核问题的过程中，应充分借鉴历史上的军事案例，吸取其中的教训和经验。同时，要加强国际间的沟通与合作，建立多边安全机制，以及通过外交手段解决分歧和争端。这些都是贯彻落实总体国家安全观和系统安全观的具体举措。

外交部发言人华春莹曾表示："中国是朝鲜半岛近邻，无论是着眼于维护东北亚地区和平稳定，还是维护中国自身良好周边环境，中国都坚持推进半岛无核化目标。"这不仅是中国的立场，也符合有关各方的共同利益。在解决朝鲜半岛核问题的道路上，我们需要携手并进，共同推动半岛无核化进程，为地区和世界的和平与稳定作出贡献。

朝鲜半岛核问题是一个复杂而敏感的问题，需要各方共同努力、以和平方式解决。通过结合军事案例和贯彻落实总体国家安全观、系统安全观等理念，可以为解决这一问题提供更加全面、深入的思路和对策。

第五节　相似性思想

一、局部和整体的相似性：理解事物的钥匙

系统中，局部和整体之间不仅密切地相互依赖和相互影响，而且在某

些方面还展现出相似性。这种相似性体现在结构、功能、行为及动态变化等多个层面。下面以军事系统为例进行阐释。

（1）结构相似性。战争系统的整体结构通常是由多个局部结构组成的。这些局部结构（如部队、作战单位）在组成整体（如军队、联盟）时，往往遵循相似的组织原则，如层级关系、指挥链条等。因此，在结构上，局部和整体之间存在一定的相似性。

（2）功能相似性。局部和整体在功能上也往往具有相似性。一个作战单位（局部）的主要功能是执行特定的战术任务，而整个军队（整体）的功能则是通过协调各个作战单位的行动来实现战略目标。这种功能上的相似性体现了局部和整体在目的和手段上的一致性。

（3）行为相似性。在战争系统中，局部和整体的行为也往往表现出相似性。在进攻行动中，各个作战单位（局部）需要按照整体的进攻计划进行协同行动，以实现整体的进攻目标。这种行为的相似性体现了局部和整体在行动上的协调性和一致性。

（4）动态变化相似性。战争系统是一个动态变化的系统，局部和整体在动态变化上也往往具有相似性。例如，当战争环境发生变化时，无论是局部还是整体，都需要根据实际情况进行调整和适应。这种动态变化的相似性体现了局部和整体在应对不确定性时的灵活性和适应性。

综上所述，战争系统中局部和整体之间的相似性体现在结构、功能、行为以及动态变化等多个方面。这种相似性不仅有助于我们更好地理解战争系统的本质和特征，还有助于我们在制定军事战略和计划时更好地把握局部和整体之间的关系，以实现整体最优的效果。

二、未来和过去的相似性：古代围城战术和现代混合战争

古代围城战术，如三国时期的樊城之战，通过封锁城市资源来迫使敌军投降。樊城之战，也称为关羽北伐、襄樊战役或荆州争夺战，是发生在东汉末年的一场重要战役。这场战役发生在建安二十四年（公元 219 年），是刘备部将关羽率军从荆州南郡出兵，进攻曹魏占据的襄阳、樊城的一次重要战役。关羽在此次战役中先是围困襄阳、樊城，并通过水淹七军重创曹魏军队，威震华夏。

现代混合战争是一种复杂的、多维度的战争形式，需要各国政府和军队加强防范和应对能力，以维护国家安全和利益。俄罗斯在乌克兰危机中除了运用军事手段外，还运用了舆论战、外交战等多种手段来达成自身目的，是一种现代混合战争。现代混合战争将多种战争手段和战争主体相结合，以达成战争目的，混合因素包括战争主体、战争手段样式、战场环境等。

相似性的根源在于世界本源统一，所有事物在最基本的层面上都是相互关联的，那么它们在某些方面就必然会表现出相似性。未来和过去之间的相似性可能体现在多个方面，这些方面主要源于人类社会、文化、科技以及自然规律的一些根本特性和周期性变化。如历史周期性、科技发展趋势、社会挑战、人类心理和行为、自然规律和现象等都会表现出未来和过去的相似性。

古代围城战术与现代混合战争，都是通过组合不同军事要素压制对手来达到战争目的，用最有效的方法来削弱敌人。两者虽时隔千年，但核心都是消耗战。系统内要素相互依存，形成复杂的动态网络。在围城战术中，军队与后勤的协同是关键；在现代战争中，信息技术作为新的要素改变了战争方式，通过网络攻击和经济制裁也达到了类似效果。

下面列举不同时间相似性的表现。

（1）历史周期性。历史往往呈现出一定的周期性，即相似的社会、政治、经济和文化模式在不同的时代重复出现。例如，政治权力的集中与分散、经济繁荣与萧条、文化复兴与衰落等。这些周期性变化可能在未来继续出现，使得未来与过去在某些方面相似。

（2）科技发展趋势。科技的发展往往遵循一定的规律和趋势，如从简单到复杂、从低效到高效、从孤立到互联等。尽管未来的科技可能会比现在更加先进和复杂，但发展路径和解决的问题可能与过去的科技有一定的相似性。

（3）社会挑战。人类社会在不同时代面临着各种挑战，如资源短缺、环境破坏、社会不平等、战争与和平等。这些挑战在未来可能继续存在，甚至以新的形式出现，从而使得未来社会在某些方面与过去相似。

（4）人类心理和行为。人类心理和行为模式在一定程度上是稳定的，受到遗传、文化和社会环境的共同影响。因此，未来人类在面对类似情境时，可能会表现出与过去相似的心理和行为反应。

（5）自然规律和现象。自然规律和现象，如气候变化、地质运动、生物进化等，在很大程度上是恒定的。这些规律和现象在未来可能会继续发挥作用，使得未来的自然环境与过去在某些方面相似。

然而，需要注意的是，虽然未来和过去可能存在一定的相似性，但历史条件和环境总是在不断变化。因此，不能简单地将过去的经验和教训直

接应用于未来,而是需要在理解过去的基础上,结合当前的实际情况和未来的发展趋势,进行创新和适应。

三、不同系统间的相似性:多军种联合演习中的互操作性挑战

在某一大型多国军事演习中,各国军队带来了他们自己的武器装备和信息系统。这些系统从简单的步兵装备到复杂的导弹系统和战术数据链,应有尽有。然而,随着演习的深入,一个显著的问题浮现出来:不同国家的系统之间难以实现有效的互联互通,这极大地影响了联合作战的效率。如何在短时间内提高这些系统之间的互操作性,使各国部队像一个整体一样作战?

面对这一挑战,演习指挥部成立了一个专门的技术小组。这个小组由来自不同国家的通信专家、系统工程师和军事分析师组成。他们首先对不同国家的系统进行了详细的分析,发现了许多共同点和相似性,如通信频段、数据格式和传输协议等。基于这些相似性,技术小组设计了一套通用的接口标准和数据转换协议。这套标准能够确保不同系统之间的信息准确、快速地传输和处理。为了验证这套标准的有效性,他们还在一个模拟环境中进行了多次测试。

随后,各国部队的技术人员开始根据这套标准对他们的系统进行改造和升级。虽然这个过程充满了挑战,但在技术小组的支持和协助下,他们最终成功地实现了不同系统之间的互联互通,联合演习中的互操作性得到了显著提高。各国部队能够实时共享情报、协同计划和执行作战任务,就像一个整体一样。这不仅提高了演习的效率,也增强了各国军队之间的信任和合作。

不同系统间的相似性主要是指它们在功能、结构、运行方式或设计原则等方面存在的共同特征，不同系统间的相似性是一种普遍存在的现象，它反映了自然界和人类社会中普遍存在的规律性和共同性。面对复杂和多样的系统，只要能够找到它们之间的相似性并加以利用，就能够有效地解决问题并提高效率。

第六节　环境适应性思想

一、信息时代的适应性：高新装备"牛"在哪里

信息化战争是一种充分利用信息资源并依赖于信息的战争形态，是指在信息技术高度发展及信息时代核威慑条件下，交战双方以信息化军队为主要作战力量，在陆、海、空、天、电等全维空间展开的多军兵种一体化的战争。面向信息化战争，各军事强国大量配备了高新装备。高新装备之所以"牛"，主要体现在以下几个方面。

（1）高度信息化。高新装备通过集成先进的计算机技术、通信技术和传感器技术等，实现了高度的信息化。这使得装备能够实时获取、处理和传输大量战场信息，提高了指挥员对战场态势的感知能力，从而能够做出更加准确、快速的决策。

（2）智能化水平高。高新装备引入了人工智能、机器学习等先进技术，使其具备了较高的自主决策和自主作战能力。这些装备能够根据战场环境

和任务需求，自主规划行动路线、选择打击目标，并执行复杂的作战任务，大大提高了作战效率。

（3）协同作战能力强。高新装备注重与其他军事系统的协同作战能力。通过实现装备与装备之间、装备与指挥系统之间的信息共享和协同作战，高新装备能够更好地融入整个军事体系，形成整体作战能力。这种协同作战的方式能够充分发挥各种装备的优势，提高整体作战效能。

（4）精确打击能力。高新装备通常配备高精度导航系统和精确制导武器，能够对目标进行精确打击。这种精确打击能力不仅提高了打击效果，还减少了附带损伤，降低了战争成本。

（5）生存能力强。高新装备在设计上注重提高生存能力。例如，采用隐身技术降低被敌方探测到的概率，采用装甲防护和电磁防护等措施提高抗击打能力。这些措施使得高新装备在战场上能够更好地生存并执行任务。

系统的环境适应性是指系统能够适应外部环境的变化，并根据变化调整自身以维持其功能和性能的能力。高新装备具备了高度信息化、智能化水平高、协同作战能力强、精确打击能力和生存能力强等显著优势，实现了对多变战场的快速适应，其原理在于系统能够感知环境变化，并自我调节以最优状态应对。

具有环境适应性的系统通常具备反馈机制和自我组织能力两个主要特征。反馈机制使系统能够感知和响应环境的变化，从而调整自身的内部结构和状态。自我组织能力则使系统能够从现有的资源和规则中，快速、灵活地组合出新的解决方案以满足环境变化的需求。未来，应重视系统环境适应性的研发，不断提升装备的智能化水平，以应对日益复杂的战场环境。同时，培养官兵的环境适应意识，使其能够更好地保护和利用战场资源，也是提升作战能力的重要一环。

二、战略环境的适应性：抗日战争快不得，解放战争拖不得，抗美援朝急不得

"抗日战争快不得，解放战争拖不得，抗美援朝急不得"，这是毛泽东军事战略思想的重要体现，也是基于对战争环境的深刻认识和对战争规律的准确把握。

（1）抗日战争快不得。抗日战争中，由于当时的中国处于半殖民地、半封建的社会状态，经济落后、政治腐败等问题严重制约了抗日战争的胜利，并不能在正面直接击败日本。抗战是快不得的：一是要避其锋芒保存自身的精锐力量，等到决胜时刻给敌人致命一击；二是要拖，日本是一个资源匮乏的国家，它拖不起。毛主席在《论持久战》中提出持久战的战略方针，通过长期的抗战，逐步消耗敌人的实力，最终取得胜利。

（2）解放战争拖不得。解放战争是中国历史上规模最大、最激烈的一次内战，当时，面临两个历史机遇：一是国共双方实力的转变，解放军专

业化、装备先进性、人员数量等方面不断加强，作战实力空前提升，敌我双方实力已经转变成我强敌弱；二是美苏两大阵营已经开始意识形态对抗，中国的解放战争也是两种意识形态的战争，但柏林危机使美苏双方的精力都聚集在欧洲无法分神，趁美苏没有精力在亚洲搅局时迅速完成统一的窗口期稍纵即逝。因此，毛主席迅疾发动三大战役，在美苏还没有来得及干涉时就大势已定，顺利完成大部分地区的解放。

（3）抗美援朝急不得。在抗美援朝战争中，毛主席针对美帝国主义的战争投入远大于收入，且战略重心一直在欧洲，在亚洲打这么一仗实在得不偿失，更想快速结束战争的现状。毛主席宣告：他们要打多久就打多久，一直打到完全胜利为止。毛主席提倡长期作战，用时间拖垮敌人的战略方针，最终取得抗美援朝战争胜利。

系统的环境适应性是指系统能够根据外部环境的变化，调整自身策略以达到最佳效果。其关键在于识别环境特点，并灵活调整。"抗日战争快不得，解放战争拖不得，抗美援朝急不得"的思想体现了毛泽东军事战略中对战争环境的深刻认识和灵活运用。只有正确认识和适应环境的变化，才能制定出科学合理的战略和策略，取得战争的胜利。

第七节　动态性和稳定性思想

一、系统的动态性：军事转型一直在持续

军事转型，通常包括军队职能、军队形态、军队任务三个方面的转型，

这是一个主权国家或国家集团为应对世界新军事变革所做出的主体性选择。大家可能有所感觉,好像这些年军事转型"一直在转型,从来未定型",这是为什么呢?军事转型的发生,主要由于一些外部环境和内在条件的转变。

从外部环境来说,主要是应对外部安全威胁。随着国际安全环境不断变化,新的安全威胁和挑战层出不穷,这就需要不断调整军事战略和战术,进行军事转型,提高军队的快速反应和应对能力。

从内在条件来说,主要包括技术发展、效能提升和现代化推进等方面。一是适应技术发展的需要。随着科技的飞速发展,新的武器系统、战术和战略不断涌现,为了保持军事优势,就需要不断进行军事转型,将最新的科技成果应用于军事领域,提高军队的战斗力。二是在军事效能提升方面。通过改革军事组织、战术和战略,可以优化军事资源配置,提高军队的协同作战能力。三是不断推动军事现代化的需要。通过持续进行军事转型,可以提高军队的装备水平、训练水平和作战能力,使军队更好地适应现代战争的需求。

系统的动态性描述了一个系统随时间变化的能力和特性。一个具有动态性的系统能够对外部输入或内部状态的变化作出响应,并且这种响应可能导致系统行为、结构或状态的改变。

当系统在外部环境或内部条件发生变化时,其结构、功能、行为或状态能够相应地进行调整、适应或演化。这种变化不是随机的,而是遵循一定的规律和机制,以保证系统能够在不断变化的环境中保持其稳定性、可靠性和效能。系统的变化具有快速有效、适应环境、演化发展、相对稳定的特点。

在设计、开发和维护军事系统时,必须充分考虑其动态性,确保系统

能够在复杂多变的战场环境中保持高效、稳定和可靠。同时，随着技术的不断进步和战争形态的变化，对军事系统动态性的要求也将不断提高，这既是挑战也是机遇。通过持续创新和技术升级，可以构建更加智能、灵活的军事系统，以应对未来的各种挑战。

二、系统的稳定性：人民军队忠于党

人民军队在不断发展和变化的过程中，有些东西是始终没有变的。这些不变的东西，构成了人民军队的本质和灵魂，也是人民军队不断发展壮大、从胜利走向胜利的根本原因。

从人民军队的宗旨看，人民军队始终是全心全意为人民服务的，始终把人民的利益放在第一位，无论是战争年代还是和平时期，人民军队都牢记自己的宗旨，时刻准备着为人民牺牲一切。

从人民军队的性质看，人民军队是中国共产党领导下的军队，是人民的子弟兵，人民军队必须服从党的领导，听从党的指挥，同时也必须与人民群众保持密切的联系，始终保持人民子弟兵的本色。

从人民军队的战斗精神看，人民军队始终保持着英勇顽强、不怕牺牲的战斗精神，无论是在战场上还是在平时的训练中，都表现出极高的战斗素养和坚定的战斗意志，是人民军队能够战胜一切困难和敌人的重要保证。

从系统角度看，人民军队作为一个系统，尽管人员、体制、装备不断改革变化，职能作用也不断扩充拓展，实力不断发展壮大，但其也具有作为系统的稳定性。系统稳定性是指系统的组元、结构、运行、环境、功能都有可能变化，且在时时刻刻的变动中，但系统仍然能够保持自我。系统稳定性也让系统在受到外部扰动或内部变化时，能够保持其整体结构、功能和行为的基本稳定和一致性。

系统稳定性包括结构稳定性、功能稳定性、行为稳定性等方面。结构稳定性是指系统整体结构在变化过程中保持稳定，这意味着系统的组成部分之间的相互关系和相互作用方式在变化中不会发生根本性的改变，从而保证了系统的整体性和一致性；功能稳定性是指系统的功能在变化过程中能够持续、稳定地发挥，即使系统面临外部环境的扰动或内部状态的变化，其核心功能仍然能够得到保持和发挥，以满足系统的需求和目标；行为稳定性是指系统的行为在变化中表现出一定的稳定性和可预测性，系统的行为模式、响应方式和输出结果在相似的输入和条件下应该保持一致，这使得系统的行为可以被理解和预测，有助于对系统进行有效的控制和管理。

在军队建设中，应该充分借鉴系统稳定性的理念和方法，不断优化军队的组织结构、提升战斗力、强化纪律性，以确保人民军队始终保持强大的凝聚力和战斗力，为国家和人民的安全提供坚实的保障。

第三章

漫谈系统理论

　　系统理论可以认为是一门研究系统的一般模式、结构和规律的学问。系统思维从经典的思想上升到科学，是以一般系统论、信息论和控制论（通俗地称为老三论）的产生为基础的。其中，一般系统论引申的系统原理揭示了系统功能由何而来的问题；信息论引申的信息原理揭示了信息与系统组织化程度关系；控制论揭示了如何来控制系统使其功能发挥更加有力的问题。在老三论产生的基础上，以耗散结构理论、协同学、突变论为代表的新三论进一步阐释了系统的发展与进化。其中，耗散结构理论专注于远离平衡态的开放系统，强调非线性相互作用和涨落在有序结构形成中的作用；协同学研究不同系统间的协同作用，揭示系统在不同状态下（包括近平衡态和远离平衡态）都有可能通过协同作用形成有序结构；突变论关注系统在特定条件下的突发性转变，强调系统变化的不连续性和显著性。在此基础上，系统理论从最初的研究一般系统逐渐扩展到复杂系统，并涌现出了混沌理论、分形理论、复杂网络理论等一系列重要分支，这些理论共同为解释世界提供了更为清晰和深入的视角。

第一节　系统思维由思想到科学

一、系统原理之一：战斗力强不强，组元是基础

系统由组元组成，组元对于系统的功能影响毋庸置疑。如果设计一款新型战斗机器人，用于执行复杂战场环境下的多种任务，包括侦察、火力支援和定点清除等。通过考虑组元设计，就可以完成上述目标。

（1）材料采用高强度合金。机器人外壳采用最新研发的高强度合金，这种合金比传统钢材轻量化60%，但强度却提高了3倍，这使得机器人在保持足够防护力的同时，能够更加灵活和快速地移动。

（2）采用先进电池技术。通过搭载最新一代固态电池，机器人可以拥有更长的续航能力，而且固态电池能量密度高、充电速度快、安全性也好，这就意味着机器人可以执行更长时间的任务，不必频繁返回基地充电。

（3）加入人工智能模块。通过采用最新的人工智能模块，机器人具备深度学习和自主决策能力，能够根据战场态势实时调整战术，甚至在与指挥中心失去联系时，仍能独立完成作战任务。

（4）配备精密武器系统。通过装备高精度火控系统和多种先进武器，机器人能够在复杂环境中准确识别并打击目标。

在这个案例中，高强度合金、先进电池技术、人工智能模块和精密武

器系统等组成元素共同构成了先锋机器人部队的战斗力。这些元素的优化和升级直接提升了机器人的生存能力、续航能力、智能水平和打击能力，从而在战场上取得了显著的优势。

认识到组元对系统功能的重要性，对于设计新系统、改进旧系统都有十分重要的意义。一是可以根据功能考虑系统基本构成，达到系统组元设计目的；二是通过考虑系统组元，优化系统设计；三是通过挖掘组元性能，激发新的设计思路和创新点；四是通过对组元性能进行测试评估，发现系统潜在问题，降低运行风险。

二、系统原理之二：组元都一样，还要看结构

在第二次世界大战期间，德国军队采用了高度集中化的指挥结构，即通过严格的层级关系和明确的职责划分来实现对部队的控制和指挥。这种结构在一定程度上确保了指挥的统一性和协调性，但也存在一些明显的缺点。例如，当高级指挥官被俘或失去联系时，下属部队往往陷入混乱和无所适从的状态，因为他们缺乏独立决策和自主行动的能力。

相比之下，美国军队则采用了更为灵活和分散化的指挥结构。在这种结构中，各级指挥官被赋予更大的自主权和决策权，可以根据战场形势和任务需要灵活调整战术和策略。这种结构在一定程度上牺牲了指挥的统一性和协调性，但却提高了部队的适应性和应变能力。例如，在诺曼底登陆战中，美国军队能够迅速适应战场形势的变化，采取有效的战术和策略来应对德军的反击，最终取得了胜利。

所谓结构，是系统内子系统的划分和子系统的功能分配。常见的组织

结构包括金字塔型、网络型和循环型三种。案例中，德军采用的指挥结构属于金字塔型，这种结构可以确保指挥的统一性和协调性，但也存在着灵活性不足和应变能力差的问题；美军采用的结构是在金字塔型结构的基础上适当增加网络型结构元素，具有灵活分散化特征，虽然牺牲了一定的统一性和协调性，但可以提高部队的适应性和应变能力。在实际应用中，需要根据任务需求和战场形势来选择合适的指挥结构，以实现最佳的系统功能。

三、系统原理之三：系统之人理，运行作用起

对物理系统来说，组成要素（组元）以及相对位置关系（结构）共同决定了其功能，但对于有人参与的事理系统来说，其功能还与人这个主观能动性因素有重要关系。

新中国第一位特等功臣和特级战斗英雄杨根思提出了"三个不相信"的英雄宣言："不相信有完不成的任务！不相信有克服不了的困难！不相信有战胜不了的敌人！"，这"三个不相信"已经成为抗美援朝精神的重要组成部分，在中国人民不断奋斗的征程中，升华为光芒永放的精神利剑。"不相信有克服不了的困难"，激励我们敢于迎难而上、攻坚克难，凝聚起战胜一切困难挑战的强大思想动力；"不相信有完不成的任务"，激励我们敢于担当重任、连续作战，以满腔热血投身新时代中国特色社会主义伟大实践；"不相信有战胜不了的敌人"，激励我们敢于压倒一切敌人而不被任何敌人所压倒，在维护国家主权、安全、发展利益和维护世界和平与人类进步事业中，迸发出勇毅前行的强大力量。

拥有英雄精神的团队，即使在编制和人数上与其他团队相同，也往往能展现出更强的战斗力。这是因为英雄精神能够激发团队成员的内在动力，让他们更加坚定地追求目标，更加勇敢地面对困难和挑战。

由此可见，系统的功能不但与组元、结构有关，还与人这个具有主观能动性的运转组元密切相关，人如何运转，就构成了运行。运行已经成为考察系统功能发挥不可或缺的因素。系统功能等于"组元+结构+运行"的理念逐渐深入人心。

四、信息原理之一：从空城计看信息对系统组织化程度的影响

三国时期，诸葛亮运用空城计成功逼退了司马懿的大军。当时，诸葛亮所在城内兵力空虚，但他却大开城门，自己在城楼上弹琴。司马懿见状，怀疑城中有埋伏，遂撤军。这一策略实际上是通过传递信息（城内并不空虚的假象），增加了司马懿对城内情况的不确定性，从而降低了其进攻的可能性。

系统的组织化程度对系统功能的发挥有着重要影响，组织化程度越高，系统的功能发挥就越好，反之亦然。在系统中，为提高组织化程度而输入的信息量，通常等于系统熵的减少或系统拥有信息量的增加。熵代表系统的混乱程度，信息量则代表系统的有序程度。当系统接收到新的信息时，这些信息能够帮助系统从更无序的状态转变为更有序的状态，即减少系统的熵或增加系统的信息量。在空城计中，诸葛亮通过传递假象信息，成功增加了司马懿对城内情况的不确定性（增加了系统的熵），但同时也使得司马懿在决策时更加谨慎（增加了系统的信息量）。

空城计的成功表明，在信息战中，通过传递特定的信息可以影响敌方的决策过程。对于现代系统而言，为提高组织化程度而增加信息量是关键。系统在设计和运行时，应注重信息的采集、处理和传递，确保信息的准确性和及时性，以降低系统的熵并增加系统的信息量。同时，在面对类似空城计的情况时，应保持冷静分析，不被表面现象所迷惑，以做出正确的决策。

五、信息原理之二：从 C⁴ISR 的兵力倍增器作用发挥看有序度

C⁴ISR 系统主要功能是把作战系统各部分连接起来，构成一个灵活、机动、可靠、无缝的网络，确保各参战部队能依靠网络进行以网络为中心的现代化战争，确保指战员能先敌发现、先敌判断、先敌行动、先敌制胜。

信息原理表明，为提高系统组织化程度，输入的信息量等于系统熵的减少或系统拥有信息量的增加。获知系统的信息越多，系统熵就越少，系统的有序度越高，就意味着系统作战效能的增加。

现代军队建设中，C⁴ISR 系统起到兵力倍增器的作用，主要体现在三个方面：一是在信息获取和传递上，C⁴ISR 系统利用先进的通信技术和计算机网络，实现作战信息的高效收集和快速传递，获取战场态势、敌方动态、打击效果等关键信息，让指挥员全面掌握信息，消除了指挥员对敌情我情掌握的不确定性；二是 C⁴ISR 系统具备强大的信息分析和处理能力，能够对收集到的各种信息进行深度挖掘、关联分析和综合评估，从而提供准确的情报研判和决策支持，提高了指挥的运行序，最大程度发挥指挥员的决策

能力；三是 C⁴ISR 系统通过集中式的指挥控制方式，各级指挥机构可以通过系统下达作战命令、调整作战计划，确保各部队按照统一意图和行动方案执行任务，提高了作战行动的一致性和协同性，也就提高了系统整体运行的有序度。

C⁴ISR 系统通过消除指挥员对敌我信息掌握的最大化，通过系统运行规范指挥程序提高指挥的运行序，通过协同作战行动提高我方参战兵力的整体运行序，从而最大程度地发挥我方兵力体系效能。可见，C⁴ISR 系统被称为兵力倍增器，当之无愧！

六、信息原理之三：联合作战在有序度提升上的新挑战

联合作战（Joint Operations）是指两个以上军兵种或两支以上军队的作战力量，在联合指挥机构统一指挥下共同实施的作战。联合作战涉及两个以上军兵种或两支以上军队的作战力量，这些力量在组织结构、作战能力、指挥控制等方面可能存在差异，系统的最大熵大大增加，此时要想发挥联合作战体系效能，需要在参战力量多元情况下，不降低整体有序度。如何确保这些不同军兵种在联合作战中实现高效协同，保持整体有序度，是一个巨大的挑战。

信息原理表明，如果系统的最大熵改变，保持系统有序度不降低的充分必要条件是，系统拥有的关于自身组织化信息量的增长率应大于其最大熵的增长率。提高联合作战体系的有序度，主要从以下几方面入手。

（1）建好联合指挥机构。联合指挥机构能够统一指挥和协调各参战军兵种的力量和行动。通过联合指挥机构，可以实现信息共享、资源整合和

作战协同，提高整体作战效能和战斗力。

（2）用好指挥控制系统。联合作战需要高度集成和优化的指挥控制系统，有效整合不同军兵种指挥控制和通信功能，确保信息流畅、指挥高效，是提升有序度的关键。

（3）加强军兵种协同训练。通过协同训练，可以优化指挥控制系统，提高快速反应能力，加强跨域协同作战能力，提升对复杂作战环境的适应能力，不断提升联合作战的有序度，确保作战行动的顺利进行。

运用信息原理，可以从复杂的系统中找到关键核心要素，从不同系统和体系中发现统一规律，从而抓住本质，达到改进系统功能发挥的目的。

七、信息冗余：战争信息传输策略

在军事系统工程中，信息冗余度对战争信息传输策略的影响和作用至关重要。冗余度不仅关乎信息传输的效率，还与准确性、保密性和可靠性紧密相连，需要在战争环境中进行精细化的设置与管理。

（一）信息冗余度对信息传输效率的影响

信息冗余度过高会导致传输信道拥堵，增加传输时间，从而降低信息传输的效率。在战争环境下，信息传输的时效性尤为重要，因此需要在保证信息完整性的前提下，尽量降低冗余度，提高传输效率。然而，过低的冗余度又可能导致信息在传输过程中丢失或损坏，需要重新传输，反而降低了效率。因此，合理设置信息冗余度是提高信息传输效率的关键。

（二）信息冗余度对信息传输准确性的影响

适度的信息冗余可以提供更多的数据校验和纠错机会，从而提高信息传输的准确性。例如，通过增加校验位或采用重复发送的方式，可以在接收端对信息进行比对和校验，及时发现并纠正传输过程中的错误。这对于确保战争指挥决策的准确性至关重要。

（三）信息冗余度对信息传输保密性的影响

在信息加密和隐藏方面，适度的冗余度可以增加信息的复杂性和难以破解性。通过添加随机噪声或伪装信息等方式增加冗余度，可以使敌方难以从截获的信息中提取有价值的情报。同时，过高的冗余度也可能暴露信息传输的模式和规律，增加被敌方破译的风险。因此，在设置信息冗余度时需要权衡保密性和传输效率的需求。

（四）信息冗余度对信息传输可靠性的影响

信息冗余度对于提高信息传输的可靠性具有显著作用。在战争环境中，通信链路往往面临诸多不确定性和干扰因素，如电磁干扰、物理破坏等。通过增加冗余链路、采用多路径传输等方式提高信息冗余度，可以增强信息传输的抗干扰能力和鲁棒性，确保关键信息能够准确、及时地到达接收端。

针对不同战争场景下的信息传输需求，可以采取一些针对性的信息传输策略。在高烈度、高对抗性的战争环境中，应适当提高信息冗余度以增强信息传输的可靠性和保密性，可以采用多重加密、多路径传输等策略确保关键信息的安全传输；在需要快速响应和决策的战争中，应注重提高信息传输的效率，通过优化信息编码方式、减少非关键信息的传输等策略来降低冗余度，提高传输速度；在复杂电磁环境下进行信息传输时，应注重提高信息传输的抗干扰能力，可以采用扩频通信、跳频通信等抗干扰技术来增加信息冗余度，提高信息传输的可靠性；在进行大规模信息传输时，应注重信息的整合和筛选，通过建立高效的信息处理系统对冗余信息进行去重、压缩等处理，以降低传输过程中的冗余度，提高信息传输的效率和质量。

八、试探控制：巴以冲突中的试探攻击战术

2023 年 10 月，巴以冲突再次成为国际焦点。在交火中双方均采用了试探性控制策略。

以色列军方先以小股兵力发动攻击，测试对方反应和防线强度，逐步加大投入地面战的兵力，谨慎突击，一旦遇到顽强抵抗就后撤；在开始的

地面战中以军仍然是打一下、看一下，这种行动策略在对付加沙地带的巴勒斯坦武装的同时，还防备了与黎巴嫩和叙利亚的大规模边境冲突。以军的试探控制，尽管效率有所降低，但能够避免遭到较大损失。

巴勒斯坦方面巧妙地运用了游击战术进行试探性攻击，通过选择小股精锐部队，利用地形和夜色掩护，对以色列的边境哨所和防线发起突袭，通过快速、灵活的袭击来观察以色列的反应，从而判断其防御的薄弱环节和可能的战术调整，这种战术不仅测试了以色列的军事反应速度和防御能力，还通过实战收集到了宝贵的情报，为巴勒斯坦方制定更为有效的战略提供帮助，为其在冲突中争取了一定的主动权。

试探控制是一种在不确定或风险较高的环境中，通过有限度的行动来获取信息，并据此调整自身策略的方法。在军事领域，试探控制表现为通过小规模、低成本的行动来探测敌方的意图、实力和部署，可以揭示一些未知因素，减少决策的不确定性，从而为后续的大规模行动提供决策依据。

试探控制的原理在于通过有限度的行动来获取对方的反馈信息，进而分析判断并调整策略。这种控制方法强调灵活性和适应性，要求决策者根据试探结果快速作出反应。因此在试探控制中，决策者需要保持冷静的头脑，准确判断敌方的意图和实力，并灵活调整自身的战略和战术，同时试探控制也需要把握好度，避免过度暴露自身意图和实力，以免给敌方提供可乘之机。

九、调节机制：前馈与反馈控制在军事行动中的应用

在空战中，先进战机通常采用先进的前馈与反馈控制系统。面对敌方导弹的锁定，战机的前馈系统立即根据敌方导弹的飞行轨迹和速度，预测

其可能的攻击点，并自动调整飞行姿态以规避。同时，反馈系统实时监测我方战机的飞行状态和环境变化，对前馈控制的结果进行微调，确保战机能够安全脱离敌方导弹的攻击范围。

前馈控制是在行动前根据预测信息进行调整，而反馈控制则是在行动后根据实际效果进行修正。两者结合，可以大大提高控制系统的准确性和稳定性。前馈控制能够提前对可能出现的问题进行干预，反馈控制则能够根据实际情况进行及时的调整。这种控制方式在军事行动中尤为重要，因为战场环境瞬息万变，需要快速而准确地做出反应。

对于前馈和反馈控制的应用，需要深入理解其原理，并在实际操作中不断磨炼技能。同时，还需要注意前馈预测的准确性和反馈调整的及时性，以确保控制效果达到最佳。在未来的军事发展中，前馈和反馈控制技术将继续发挥重要作用，提高我方战机的生存能力和作战效能。

前馈和反馈控制还广泛应用于机器人控制、自动驾驶汽车、飞机导航系统以及工业制造过程等。例如，在自动驾驶汽车中，激光雷达通过不断反馈控制车辆的行驶方向和速度，从而实现智能导航。在机器人控制系统中，前馈和反馈结合使用，可以实现准确的位置和方向控制。

第二节　系统思维由理论到阐释

一、耗散结构理论：保持跨代优势的策略

耗散结构理论是 1969 年由比利时布鲁塞尔学派物理化学家普里高津在

《结构、耗散和生命》一文中提出的，是热力学与统计物理学发展的结果，是一种研究系统如何从混沌无序状态转变为有序状态的理论，它对远离平衡态的系统演化提出方案。耗散结构理论认为，任何一个系统的熵变化由两部分组成。一是自发熵，是系统内部自发产生的熵，根据热力学第二定律，除非系统处于平衡态，否则自发熵总是大于零。二是交换熵，是系统与外界环境交换物质和/或能量而引起的熵变化，其正负与大小随系统与环境的关系不同而异，可大致分为三种情况：①交换熵大于0，这时必有系统熵增加，系统将变得更加无序；②交换熵小于0，但交换熵绝对值小于自发熵，仍然有系统熵增加，有可能产生局部有序结构，但整体仍然趋于无序；③交换熵小于0，同时交换熵绝对值大于自发熵，系统能够通过与环境进行物质、能量的交换吸收负熵，系统的总熵不断减少，有序度增加，或产生新的有序结构。

耗散结构理论的基本原理包括以下四个方面。

（1）开放性原理。一个远离平衡态的非线性开放系统（无论是物理的、化学的、生物的，乃至社会的、经济的系统）通过不断地与外界交换物质和能量，在系统内部某个参量的变化达到一定阈值时，就可能从原来的混沌无序状态转变为一种在时间上、空间上或功能上的有序状态。这种在远离平衡情况下所形成的新的有序结构，称为耗散结构。

（2）非平衡态原理。耗散结构理论指出，系统从无序状态过渡到这种耗散结构，关键在于系统必须是一个开放系统，在开放系统中产生的耗散结构，必须通过系统内部各个元素之间以及与外部环境的相互作用来实现。耗散结构理论研究的对象主要是开放系统，强调非平衡态是系统有序之源。

（3）自组织性原理。自组织现象是指系统无需外界特定指令而能自行组织、自行创生、自行演化，能够自主地从无序走向有序，形成有结构的系统。系统自组织活动最好地体现了自然界的智慧，自组织产生的根本条件是系统必须是开放的，而且系统内部存在着复杂的相互作用，在自组织过程中，系统内部各个元素之间以及与外部环境之间都存在着相互作用。

（4）涨落导致有序。涨落是指系统中某个变量的行为对平均值发生的偏离，它能使系统离开原来的状态或轨道。当系统处于稳定状态时，涨落是一种破坏结构稳定与功能发挥的随机干扰；当系统处于不稳定状态时，涨落可以放大非稳定因素，使系统失稳，从而通过在临界点附近控制参数的小变化来放大涨落的影响，使系统由无序走向有序。

总之，耗散结构理论原理揭示了一个系统如何从无序走向有序的内在机制和条件，为理解和解释自然界、社会和经济等领域的复杂现象提供了新的视角和工具。

在军事斗争准备中，要想取得跨代优势，可以从耗散结构理论出发制定发展战略。耗散结构理论指出，开放系统要想达到远离平衡态的有序结构，需要与外部进行物质能量信息的交换。军事系统要想达到稳定领先，主要考虑以下措施。

（1）保持军事系统的开放性。耗散结构理论强调系统的开放性，因此，军事系统需要与外界环境进行持续的物质、能量和信息交换。这可以通过引入外部资源、技术、人才等方式实现，以推动军事系统的创新和发展。

（2）推动军事系统远离平衡态。在平衡态下，军事系统往往难以产生新的有序结构。因此，需要通过引入竞争机制、激励机制等方式，打破原有的平衡态，推动军事系统向非平衡态转变。

（3）利用非线性相互作用。在军事系统中，各元素之间的相互作用往往是非线性的。这种非线性相互作用可以产生复杂的动态行为，为耗散结构的形成提供条件。因此，需要充分利用这些非线性相互作用，推动军事系统的自组织和演化。

（4）引入涨落和正反馈机制。涨落是指系统中某个变量的随机波动，它可以触发系统的相变过程。正反馈机制则可以放大涨落的影响，推动系统向有序状态转变。因此，需要在军事系统中引入涨落和正反馈机制，以促进耗散结构的形成。

（5）加强系统内部协同。在形成耗散结构的过程中，系统内部各元素之间的协同作用至关重要。因此，需要加强军事系统内部的协同机制建设，提高各部门、各单位之间的协作效率和创新能力。

总之，创造军事系统中的耗散结构需要遵循耗散结构理论的基本原则和条件，通过保持开放性、推动远离平衡态、利用非线性相互作用、引入涨落和正反馈机制，以及加强系统内部协同的方式来实现。这将有助于推动军事系统的创新和发展，提高其在复杂环境中的适应性和竞争力。

二、协同学：提高协同能力

一个由很多子系统构成的系统，如果在子系统之间互相配合产生协同作用和合作效应，系统便处于自组织状态。在宏观上和整体上就表现为具有一定的结构或功能。虽然不同的系统性质不同，但是新结构代替旧结构的质变行为，在机理上却有相似甚至相同之处。

协同学在军事学中的应用是多方面的。协同学应用系统论、信息论、控制论、耗散结构理论、突变论等学科的理论和方法，研究军事系统在保持外部条件下，如何由无序向有序或从有序向无序转化的内在机制及规律等。这种应用有助于现代战争的筹划和服务。具体来说，协同学在军事学中的应用可以包括以下几个方面。

（1）战略规划。协同学可以帮助军事决策者理解和预测军事系统的动态变化，这些变化可能影响战略目标的制定和实现。通过协同学的方法，可以分析各种因素之间的相互作用和影响，从而制定出更加科学和有效的战略规划。

（2）作战指挥。在作战指挥中，协同学可以用来分析和预测战场的复杂变化，包括敌我双方的力量对比、地形地貌、天气气象等因素。通过协同学的方法，可以优化作战方案，提高作战效率和效果。

（3）部队协同。协同学在部队协同作战中也有广泛的应用。例如，在海、陆、空各军兵种的主体综合协同作战中，需要协调不同兵种之间的行动和配合，以实现共同的目标。通过协同学的方法，可以分析各兵种之间的相互作用和影响，优化协同方案，提高协同效率。

（4）军事训练。协同学还可以应用于军事训练中，通过模拟实战环境，提高训练效果。例如，可以利用协同学的理论和方法，设计更加科学有效的训练方案，提高部队的战斗力和应对能力。

总的来说，协同学在军事学中的应用是多方面的，它可以帮助军事决策者更好地理解和预测军事系统的动态变化，优化战略规划和作战指挥，提高部队协同和训练效果。

三、突变论：战争中的溃败现象

在第二次世界大战初期，德国军队的闪电战术不断成功实施，而法国一直认为其防线坚不可摧，未能及时适应德国军队闪击战的战术突变。德国通过阿登森林这一被认为不适合军事行动的区域，突然发动攻击，导致了法国的大面积溃败。

这一案例突显了在战争中的突变因素会导致战局的急剧变化。突变论研究的是事物在连续变化过程中出现的不连续突然变化的现象和规律。它强调，当系统的某些变量达到临界值时，系统会发生质的变化，这种变化往往是突然的、不连续的。

突变论认为事物结构的稳定性是突变论的基础，事物的不同质态从根本上说就是一些具有稳定性的状态，这就是为什么有的事物不变、有的渐变、有的则突变的内在原因。在严格控制条件的情况下，如果质变经历的中间过渡状态是不稳定的，它就是一个飞跃过程；如果中间状态是稳定的，它就是一个渐变过程。

突变论在军事领域的应用主要体现在对战争突然爆发、战线崩溃等现象的研究。这些案例的共同点在于，它们都是同一系统在不同条件下发生的突变现象。突变论通过数学模型来描述和预测这些突变现象，有助于军事决策者更好地理解和应对战争中的不确定性。突变论可以应用于战争爆发前的预警系统，通过对各种指标的监测和分析，预测战争的可能性；突变论也可以用于分析战争过程中战线的稳定性，预测战线崩溃的风险，并制定相应的应对策略。

德国突破马奇诺防线体现了突变论的非线性和不可预测性原理。突变往往发生在看似稳定的环境中，且难以通过常规方法预测。德国军队的战术变革就是一个突变因素，当这一因素达到临界值时，战局发生了急剧变化。法国军队未能及时识别并适应这一变化，导致了溃败。

突变论说明，在复杂的军事环境中，要时刻保持警惕，及时识别并适应各种可能的突变因素。对于军事决策者而言，应建立灵活的决策机制，以便在突变发生时能迅速作出反应。不应过分依赖固定模式或预期，而应注重实时情报和灵活策略的运用。

第三节　系统思维由一般到复杂

一、蝴蝶效应

蝴蝶效应是一种"敏感依赖于初始条件"的非线性现象，即在一个动力系统中，初始条件下微小的变化可能会在不确定的时候导致整个系统的巨大变化。就像吃了一个小小的蛋糕，它可能会成为日后减肥的绊脚石，一个小小的火种，也可能引发整片森林的熊熊大火。

（一）未爆弹引起的事故

在某次军事演习中，一名士兵意外触发了一枚未爆炸的弹药，导致了一连串的爆炸事故。事故调查发现，这枚弹药的存放位置原本是安全的，

但由于一系列微小的管理疏忽，如记录不准确、检查不严格等，最终导致了这场严重的事故。这个案例揭示了军事领域中蝴蝶效应的存在，微小的隐患可能在不确定的时候引发巨大的灾难。

在上述军事案例中，微小的管理疏忽就像是蝴蝶扇动的翅膀，虽然看似微不足道，但却在不确定的时候引发了严重的爆炸事故。这就是蝴蝶效应的原理：微小的变化可能引发巨大的后果。"海恩法则"告诉我们：每一起严重事故的背后，必然有29次轻微事故、300起未遂先兆，以及1000起事故隐患。

蝴蝶效应提醒我们，在军事行动和日常生活中，要时刻注意细节，时刻警惕那些看似微不足道的隐患，因为看似微不足道的小事可能会引发严重的后果。为了降低蝴蝶效应的风险，应该加强培训和教育，提高个人和团队对隐患的识别和防范能力；同时，建立严格的安全检查制度，确保在行动开始前能够及时发现并消除所有潜在的隐患。只有这样，才能在复杂多变的环境中保持高度的警觉和应对能力。

（二）小淮海打成了大淮海

在淮海战役的初期，按照粟裕最早提出的"小淮海"作战计划，主要在江苏北部的两淮（淮阴、淮安）和海州（今连云港市）地区进行小规模冲突，目标是消灭该地区的敌人，为下一步夺取徐州创造条件。然而，随着战役的进展，战斗规模逐渐扩大，最终演变成为一场大规模的战略决战，即"大淮海"，参加这一战役的有华东、中原两大野战军，还有晋、冀、鲁、豫军区部队共60万人。淮海战役从1948年6月3日开始至9月22日结束，历时56天。此役全歼杜聿明、黄百韬、刘峙集团于徐州以东地区，使长江以北的华东、中原地区基本上获得解放。这场战役虽属局部作战性质，但是一场事关全局的大决战，其战略意义和影响远大于一般战役。

蝴蝶效应是混沌理论的一部分，指的是在一个动态系统中，一个非常小的变化能够引发一连串连锁反应，最终导致系统出现巨大的、不可预测的变动。在淮海战役中，原本只是一场局部的小规模冲突，因一系列微小而初看无关紧要的决策和行动，逐渐演变成为影响整个战局的大淮海战役。一个命令的延迟，一支小队的迷路，甚至一场突如其来的暴雨，都像是蝴蝶翅膀的轻轻扇动，在军事行动的复杂系统中引发了不可预测的巨大风暴。

在军事领域，蝴蝶效应表现为战场上的任何一个微小行动都可能改变战争的走向。因此，军事专家必须高度重视每一个决策和行动，尽可能预见并控制其潜在影响。针对蝴蝶效应，应加强战场情报的收集与分析，提高决策的科学性和精确性。同时，建立灵活机动的指挥体系，以应对突发情况。在训练中，应模拟复杂多变的战场环境，提升官兵对蝴蝶效应的认知和应对能力。通过这些措施，更好地把握战争中的不确定性，减小蝴蝶效应带来的风险。

二、自组织理论

自组织，作为一种独特的系统现象，在多个领域尤其是军事行动中展现出鲜明特性。

（1）自发性。如同在战场上，一支小队的士兵在没有明确指挥的情况

下，会根据战场形势自发地采取行动。这种行动并非源于中央指令，而是每个士兵基于自身对环境的感知和判断作出的。自组织的诞生往往围绕一个核心目标或理念，就如同士兵们心中坚守的战斗使命。

（2）局域性。在复杂的战场环境中，每个士兵通常只能获取到局部的信息，与身边的战友保持紧密的联系。他们并不总是了解全局战况，但正是这些局部交互的总和，构成了整个战场的动态和结果。

（3）不确定性。由于缺乏统一的指挥和控制，自组织系统中各部分（如同战场上的各个小队）之间的差异、矛盾和冲突会导致许多不确定性。这种不确定性在战争中尤为显著，但也正是这种不确定性孕育了战争中的创造性和灵活性。

（4）涌现性。在混乱的战场上，有时会出现一种意想不到的有序状态，比如士兵们自发形成的防御阵型或攻击策略。这种从混乱中涌现出的有序，是自组织系统的一个重要特征。

（5）进化性。自组织的形成和发展可以看作是系统的进化过程。在军事领域，这种进化可能表现为战术的革新、武器的升级或组织结构的优化。通过不断适应和演化，自组织系统能够在不断变化的战场环境中生存并发展壮大。

自组织理论的研究仍处于不断发展的过程中，它与耗散结构理论、协同学、超循环理论、突变论等多个学科领域紧密相连。这一理论不仅揭示了自然界进化和发展的内在机制，也为系统思想和系统理论的发展提供了重要的启示和影响。然而，这些思想和理论在实际应用中仍面临诸多挑战和未解之谜。

（一）涌现：东北野战军下达的"奇怪命令"

1948 年 10 月 15 日，中国人民解放军攻克锦州。10 月 19 日，中央军委复电批准了东野的作战计划——就地聚歼廖耀湘兵团于野战之中。东北野战军指挥部下达了一个奇怪命令："哪里有敌人就往哪里打，哪里有枪声就往哪里追"。各个纵队接到上级指示后，战场局面完全改观了。战场上既没有前后方之分，也没有一线二线之别。为打乱敌人的防御部署，指战员们大胆穿插、渗透、分割，廖兵团被打得斗志全无。胡家窝棚战斗引起了中外军事专家的高度重视，有西方专家称："这是'上帝之手'为东野部队送来的'神来之笔'。"事实证明，此战至少缩短了战争时间，加快了廖兵团覆灭的进度。

这种自组织行为中，出现了所谓的"涌现"现象，即整体行为的复杂性和有序性，并非简单由个体行为叠加而来，而是在个体相互作用中自发

产生。在军事上，这表现为部队在没有统一指挥的情况下，仍能协同作战、取得胜利。其原理在于，每个作战单元都遵循着简单的局部规则（如追击敌人、保护自身），但这些局部规则在整体上相互作用、相互影响，从而产生了复杂的全局行为。这种从简单规则到复杂行为的转变，就是自组织涌现的核心。

认识到自组织涌现的重要性，可以进一步认识到复杂环境中系统的适应性和效率。在军事上，需要进一步培养部队的独立作战能力和灵活反应能力，加强对自组织涌现规律的研究，优化作战单元的局部规则，以期在整体上获得更好的作战效果。同时，也要关注可能出现的风险和挑战，确保自组织行为不失控，不偏离总体战略目标。

(二) 灵活：美军在阿富汗战争中的前线小分队

美军特种部队在阿富汗战争中经常面临多变的战场环境和不确定的敌人行动。为了应对这些挑战，他们采用了自组织的方式，将决策权下放给前线的小分队。这些小分队通常由经验丰富的士兵组成，他们能够根据实时情报和战场态势自主制定行动计划，并在必要时灵活调整战术。

在一次夜间突袭行动中，美军特种部队的一个小分队发现敌人的位置发生了变化。他们没有等待上级的指示，而是立即根据新情报自主调整行动计划，成功地突袭了敌人的据点。这种自组织方式不仅提高了行动的效率和成功率，还减少了不必要的伤亡和损失。

战场自组织在军事上指的是在战斗过程中，个体或小分队能够根据实际情况自主决策、自我管理，并在必要时灵活调整战术以适应战场变化的能力。这种自组织方式有助于提高战斗力和战术的灵活性。小规模的团队被赋予高度的自主权和决策权，能够根据实时情报和战场态势自主制定行动计划。战场自组织是一种重要的军事能力，能够提高士兵们的战斗力和战术的灵活性。在复杂的战场环境中，赋予小分队高度的自主权和决策权是实现战场自组织的关键。通过这种方式，士兵们能够更好地适应战场变化，有效打击敌人。

（三）误用：美军在越战中追求最小伤亡率导致战术指挥失误

美军在越战中倚仗自己的装备优势，盲目追求最小伤亡率，而不是以胜利为目标，造成一系列的负面影响。一是规避风险。为了降低伤亡率，指挥官采取了更为保守的战术，本应该派出诱饵部队时却派出了人数较少的小分队，从而导致那些高风险高回报行动无法实施。二是过度依赖火力优势。美军试图通过远程炮火和空中支援来解决问题，而不是通过地面部队的直接行动，由于情报不准确和火力协调不当，炮火覆盖并未有效摧毁敌方阵地，反而暴露了美军的意图和位置。三是战术僵化。由于对伤亡率的过度关注，导致了战术上的僵化，使得美军难以适应快速变化的战场环境。在战术指挥上，决策迟缓、目标模糊，士兵士气低落，对整个战局产生了一定的消极影响。

系统自组织是指在没有外部控制的情况下，系统内部各组成部分通过相互作用和自我调节，形成有序结构和行为的过程。在战争环境中，战术指挥系统可以看作是一个自组织系统，其中各个组成部分（如指挥官、士兵、武器装备等）需要相互协作以应对不断变化的战场环境。

在追求最小伤亡率的过程中，不同层级的指挥官可能都会表现出相似

的行为模式，如风险规避、决策迟缓等。这种自相似性反映了系统自组织过程的一种普遍规律。

在战术指挥系统中，各个组成部分之间的相互作用是非线性的。追求最小伤亡率可能导致某些看似合理的决策在实际执行中产生意想不到的后果。这种非线性相互作用使得系统行为难以预测和控制。

当系统处于自组织临界状态时，微小的扰动可能导致系统发生显著的变化。在越战中，美军对最小伤亡率的追求可能使战术指挥系统处于这种临界状态。一旦某些关键因素（如敌方战术变化、士气低落等）发生微小变化，就可能导致整个系统的崩溃。

为了提高未来战争中战术指挥的有效性和适应性，需要深入研究系统自组织过程中的非线性相互作用和自组织临界性，并采取相应的措施来优化战术指挥系统。

三、分形理论：概念及军事应用

分形理论（Fractal Theory）是当今十分风靡和活跃的新理论、新学科，其概念是由美籍数学家本华·曼德博（Benoit B. Mandelbrot）首先提出的。分形理论的数学基础是分形几何学，即由分形几何衍生出分形信息、分形设计、分形艺术等应用。分形理论最基本的特点是用分数维度的视角和数学方法描述和研究客观事物，也就是用分形分维的数学工具来描述研究客观事物。它跳出了一维的线、二维的面、三维立体乃至四维时空的传统藩篱，更加趋近复杂系统的真实属性与状态的描述，更加符合客观事物的多样性与复杂性。此外，分形理论的重要原则包括自相似原则和迭代生成原则，它表征分形在通常的几何变换下具有不变性，即标度无关性。自相似性意味着局部与整体的相似性，而迭代生成原则则揭示了分形的构造过程。

分形现象的研究对于理解复杂系统的结构和行为具有重要意义。通过分析分形现象，可以揭示出隐藏在表面下的秩序和规律，从而更好地理解和预测系统的动态行为。分形在军事学中的应用案例主要体现在目标识别、场景感知和决策支持等方面。

在目标识别方面，利用分形模型技术，可以在复杂自然背景中自动探测多种类型目标。例如，在光电成像制导武器系统中，通过红外成像和可见光成像技术，结合分形模型算法，可以实现对空中、地面和海面目标的自动识别。这种技术使系统具有对探测过程中背景类型变化的适应能力，以及抗拒自然物体干扰和目标灰度或反射强度起伏的能力，从而提高武器系统的目标识别精度和抗干扰能力。

在场景感知方面，分形理论的应用主要体现在地形分析、战场环境模拟和传感器网络优化等方面。例如，在地形分析中，可以利用分形理论对地形进行多尺度描述，从而揭示地形的层次结构和自相似特征，为军事行动提供地形情报支持；在战场环境模拟中，可以利用分形模型生成具有真实感的战场环境，为军事训练和作战模拟提供逼真的虚拟场景；在传感器网络优化中，可以利用分形理论优化传感器的部署和数据处理，提高传感器网络的覆盖范围和感知精度。

在决策支持方面，分形理论的应用主要体现在作战方案评估、作战效果预测和智能决策等方面。例如，在作战方案评估中，可以利用分形模型对作战方案进行多尺度分析，从而评估方案在不同层次和尺度上的优劣和

可行性；在作战效果预测中，可以利用分形模型对作战过程进行模拟和预测，从而提前了解作战效果和可能的风险；在智能决策中，可以利用分形理论构建智能决策模型，实现对复杂军事问题的自动化决策支持。

四、混沌理论：李奇微接替麦克阿瑟对抗美援朝战争的影响

混沌理论是一种兼具质性思考与量化分析的方法，用以探讨动态系统中无法用单一的数据关系，而必须用整体、连续的数据关系才能加以解释及预测。混沌理论中，关注复杂系统的初值敏感性、元素和行为间非线性相干作用、系统与子系统的自相似性等。混沌理论提供了一种新的视角来理解和描述复杂系统的行为。它强调了系统的整体性、连续性和动态性，以及初始条件对系统演化的重要性。

在朝鲜战争中，李奇微接替麦克阿瑟担任联合国军总司令，通过一系列的策略调整，引起了战场发展的新变化。

麦克阿瑟在朝鲜战场上的指挥风格以大胆和激进著称，他实施了仁川登陆等震惊世界的军事行动。然而，他的战术策略与时任美国总统杜鲁门在对待朝鲜的策略上产生了严重的分歧。杜鲁门更倾向于将战争控制在有限的范围内，以避免与苏联或中国发生全面冲突。因此，当麦克阿瑟的战术导致美军出现全线溃退等败绩时，杜鲁门决定撤销他的职务。

李奇微接任后，迅速着手调整军队，整顿军风，并改变了战术。他更加注重分析中国军队的战斗习惯，并开创性地设计了"磁性战术"。这种战术的核心是利用装甲部队和机械化步兵的协同作战，以及空中和地面的火力支援，来吸引并消耗中国军队的进攻力量。同时，他还加强了美国军队

的防御工事和后勤补给线，以提高美军的持久作战能力。李奇微的这些调整取得了显著的效果，在他的指挥下，美军逐渐扭转了战场上的不利局面，并重新夺回了部分失地。此外，他还成功地稳定了美军的士气，并提高了美军的战斗力。

战场换帅，实际上相当于改变了复杂战场的初值，由于李奇微的新战术，战场中美国军队和中国军队的非线性影响作用不断发展变化，影响了战争的进程和结果，这就是混沌理论的魅力。

五、马赛克战争：复杂适应系统的应用

马赛克战争是美军提出的一种新作战概念，顾名思义是将复杂的作战体系分解为数量更多、规模更小、功能更少、更易组合的作战模块，就像一块块装上智能芯的马赛克，可随机组合、快速拼接，形成不断变化的新图像，即使有些模块破损，也不会影响整体功能发挥，目的是通过高度分散、灵活机动的作战体系来应对现代战争的挑战。

美军马赛克战着眼于大国竞争的威胁与挑战，试图将各作战要素打散，通过网络将分散的"杀伤链"拓展成灵活机动的"杀伤网"，形成对竞争对手的多重作战优势。这种作战概念的核心在于利用高新技术，将低成本、低复杂度的系统以多种方式组合成一个类似"马赛克块"的作战体系，以实现快速、灵活、高效的作战能力。

马赛克战争要想成功产生高效益，离不开对复杂系统的适应性，马赛克战争的每个小块都需要具备高度的自适应能力，能够根据实时战场信息调整自身行为，与其他小块协同作战。这种适应性不仅体现在战术层面，

如快速调整攻击策略、优化资源配置等，还体现在战略层面，如灵活调整作战计划、迅速适应敌方战术变化等。

为了实现高效益的马赛克战争：一是需要深入研究复杂系统的适应性机制，提高各小块之间的协同能力；二是需要加强智能化和自动化技术的研发，以提升马赛克战争的决策速度和行动准确性；三是需要高度的信息共享和协同能力，以确保各个作战模块能够有效地配合和协同作战；四是培养具备复杂系统思维的军事人才，使其能够更好地理解和运用马赛克战争的理念和方法。

六、复杂网络：小世界模型与情报传输网络

在现代军事作战中，作战节点之间的沟通是确保任务成功执行的关键要素之一。每个作战节点，无论是单兵、小队、还是更大规模的部队，都需要实时、准确地传递和接收信息，以协调行动、制定战术和应对突发情况。作战节点之间的沟通通常采用多种方式进行，包括无线电通信、视觉信号、手势以及现代战场上的数字化通信系统等。这些沟通方式需要高效、可靠，并且能够适应战场环境的快速变化。

小世界模型是一种网络模型，它揭示了大型网络中信息传播的独特方式。这种模型的核心特征是，尽管网络可能非常大，但任意两个节点之间通常存在相对较短的路径，使得信息能够迅速传播。同时，网络也展现出高聚集性，即节点往往聚集成紧密的团体，这有助于信息在特定群体内的快速扩散。小世界模型的原理在于网络中的"短路径"和"高聚集性"相结合。这种结构使得信息既能在全局范围内迅速传播，也能在局部范围内

得到有效扩散。这种特性对于理解和预测信息传播、网络流量，以及网络稳定性等方面都具有重要意义。

在军事领域，情报传输的迅速与准确至关重要，在军事行动中，情报部门利用小世界模型可以优化传输网络。在传统通信方式受阻情况下，可以通过小世界模型发现士兵之间、建制单位之间、作战单元之间的通信网络，建立更为灵活有效的连接方式，使大多数作战节点通过少数中间节点相互联系，保证信息沟通和作战协同。

现代战争中，在复杂系统中有效利用小世界模型可优化信息传递和资源配置。同时，也要加强关键节点的保护与利用，培养官兵的信息网络意识和复杂网络思维，提升战时的应急通联能力。

七、组元更新：亚美尼亚与阿塞拜疆冲突中无人机的运用

亚美尼亚与阿塞拜疆之间的冲突主要源于对"纳卡"地区的领土争议。这一争议已经持续了上千年，并导致了多次战争和冲突。在 2020 年 9 月 27 日爆发的冲突中，阿塞拜疆军队采用了新装备和战术，包括使用无人机和远程精确打击武器，迅速摧毁了亚美尼亚的大量军事设施，并在短短 48 小时内迫使亚美尼亚达成停火协议并撤出纳卡地区。

在亚美尼亚与阿塞拜疆的冲突中，无人机的运用起到了关键的作用。阿塞拜疆在冲突中主要使用了土耳其提供的 TB2 无人机。这种无人机属于察打一体机，具有长时间盘旋和择机发起致命攻击的能力。阿塞拜疆还使用了以色列制造的"哈洛普"自杀式无人机，这种无人机通过遥控方式攻击地面目标，具有极高精度。

冲突中无人机以多种方式展开运用。一是被用于执行侦察和打击任务，对亚美尼亚的军事目标进行了精确的打击，大量摧毁了亚美尼亚的坦克、装甲车、地面防空系统、火炮以及仓库等军事设施；二是无人机在战场上长时间盘旋，等待合适的时机进行攻击，增加了打击的突然性和有效性。

无人机的运用对亚美尼亚的军事力量造成了重大损失，并影响了整个战场的态势。一是无人机的广泛运用展示了其在现代战争中的重要性，尤其是在执行高风险任务时的优势；二是无人机能够减少人员伤亡，提高作战效率，并对敌方造成心理压力。总之，亚美尼亚与阿塞拜疆冲突中无人机的运用对战场局势产生了深远影响。无人机凭借其高效、精确的打击能力成为现代战争中的重要武器之一。

无人机的使用，使现代信息化战争更为复杂，主要体现在以下几个方面。一是增加了战场信息获取的复杂性。无人机能够进行长时间、大范围的侦察和监视，收集大量的战场信息。这些信息需要经过处理、分析和解读，才能转化为有用的战术和战略决策依据。二是提升作战行动的多样性和隐蔽性。无人机能够进行隐蔽的侦察和打击行动，使得战争中的行动更加多样化和难以预测。三是无人机通过执行精确打击、定点清除等任务，使军事行动具有高度的隐蔽性和突然性，增加了敌方对战场态势判断的难度。四是改变了战争主体的构成。无人机的广泛使用使得战争的主体不再只是人类士兵，还包括了智能化的无人作战系统，这种变化导致战争系统中需要考虑到无人机的战术运用、反无人机技术等新因素，增加了战争系统的复杂性。五是深刻影响了战争系统的协同性。无人机需要与其他武器系统和人员紧密协同才能发挥最大效能，而在复杂的战场环境中，确保无人机与其他作战单元的协同一致是一个巨大的挑战，需要高效的指挥控制系统和通信技术来支持。六是增加了对抗的复杂性。无人机的使用使得敌我双方的对抗更加激烈和复杂，双方需要不断研发新的反无人机技术和战术来应对对方的无人机威胁，这种技术竞赛增加了战争系统对抗性的复杂程度。

总之，无人机的使用通过增加信息处理难度、提升作战行动的多样性和隐蔽性、改变战争主体构成、影响协同性，以及增加对抗的复杂性等，使战争系统更具复杂性。

第四章

漫谈系统方法论

　　方法论是方法的方法，是解决问题的一般方法。系统方法论，是以系统为研究和应用对象、以系统思考为特征、以改造系统为目标的一般方法。系统方法论立足于整体，统筹全局，综合考察，相互协调，整体最佳地分析问题和考察问题。与传统方法相比较，系统方法具有整体化、最优化、定量化、模型化等显著特点。按照方法论解决问题的目标、途径和主体的不同情况，将系统方法论划分为面向性能、面向目标、面向创新、面向综合和面向协调的方法论，并按照该分类结构进行逐类阐述，以期形成对不同问题有效使用相应方法论的意识。

第一节 概述

一、方法论分类

对现行的方法论进行深入剖析后，发现其分类可从多个维度展开。以解决问题的主体为例，可将其分为单一主体与多元主体两类。这里的主体代表着那些对系统发展具有决定性影响的利益相关者，即决策者。值得注意的是，即便存在多个参与者，若他们共享同一套价值观，仍可将其视作单一主体。从解决问题的目标清晰度来看，问题可以分为目标明确和目标模糊两类。从解决问题的途径（包括原理、方法和手段）是否清晰出发，也可以分为途径清晰和途径模糊两种情况。

基于上述分类标准，可以构建方法论的一般分类框架。在单一主体情境下，方法论可细分为以下四类。

（1）目标明确、途径清晰——性能导向型方法论。这类问题具有可客观描述、目标清晰、存在最优解、不牵涉心理社会因素等明显特征。此时，方法论的核心在于"快速高效地解决问题"。霍尔三维结构便是这一类型的典型代表。

（2）目标模糊、途径清晰——目标导向型方法论。这类问题相对复杂，目标不明确但方法已知。方法论的重点在于明确目标，解决"如何有效确定目标"的问题。切克兰德方法论是这一类型的佼佼者。

（3）目标明确、途径模糊——创新导向型方法论。在这种情况下，解决问题的关键在于创新方法途径。萃智理论（TRIZ）正是针对这种情况而设计的，它强调在明确目标下的途径创新。

（4）目标模糊、途径模糊——综合导向型方法论。这是最复杂的一种情况，既需要明确目标，又需要找到解决问题的途径。此时，需要整合多方力量，共同明确目标和方法。综合集成方法论就是应对这类问题的有效工具。

当问题涉及多个主体时，情况则更为复杂。此时，方法论的重点不再是单一优化问题，而是如何权衡不同主体的价值需求，协调各方关系，以达成一个符合各方利益的和谐结果。这种类型的方法论被称为"权衡导向型方法论"，批判系统启发法是其代表之一。

选择正确的方法论对于解决问题至关重要。例如，在处理"目标模糊、途径清晰"的问题时，如果错误地采用性能导向型方法论，可能会因为目标分析不清而导致行动偏离正确方向。同样，在面对多个主体时，如果不进行充分的权衡和协调，仅凭单一主体的决策行事，很可能会因忽视系统和谐而导致系统迅速崩溃。正确的方法论能够引导主体行为更加正确、有效，使系统问题的处理达到和谐、高效和科学的理想状态。

军事领域中的案例也充分证明了这一点。例如，在联合作战指挥中，涉及多个军种、多个指挥层级，每个主体都有自己的价值需求和作战目标。如果缺乏有效的权衡和协调，很可能会导致指挥混乱、行动不一致。因此，采用权衡导向型方法论，充分考虑各方利益和需求，进行综合权衡和决策，是实现联合作战指挥和谐、高效的关键。

二、硬系统与软系统

在解决问题的过程中，需要区分硬系统和软系统。面对硬系统和软系统，需要采取两种截然不同的系统思考方法，这种区别在军事领域尤为明显，因为军事行动往往需要在复杂、不确定的环境中迅速做出决策。硬系统通常指的是那些侧重于物理实体、明确目标、可量化指标和确定性规则的系统。在军事领域，硬系统可能包括武器装备、战术规划、作战指挥等，这些系统通常基于明确的作战计划和严格的指挥控制结构来运作。相对而言，软系统则更加关注人的因素、组织文化、社会关系，以及非正式的、隐性的知识和规则。在军事领域，软系统可能涉及士气、领导力、团队协作、情报分析等，这些方面往往难以量化，但对作战成败有着至关重要的影响。

彝海结盟是红军长征途中的一段佳话。1935年5月，红军渡过金沙江进入四川凉山彝族地区，受到不明真相的彝族群众和彝族部族武装的阻挡。由于红军严格执行党的民族纪律，绝不向受苦受难的彝族同胞开枪，彝族首领小叶丹深受感动，在亲自见到红军参谋长、红军北上先遣队司令员刘伯承后，对红军更是深怀敬意，提出要与刘伯承司令员按照彝族习俗歃血为盟，刘伯承欣然应允。5月22日，在山清水秀的彝海边，刘伯承与小叶丹举行结盟仪式。红军授予小叶丹"中国夷（彝）民红军沽鸡支队"的旗帜。小叶丹派向导为红军带路，让红军顺利走出凉山彝族地区，直达安顺场，为红军大部队顺利过境创造了条件。

彝海结盟中，刘伯承将军与小叶丹结拜为兄弟，刘伯承将军采用了软

系统的处理方法，深入了解当地的文化习俗和社会背景，与当地民众建立了良好的关系。通过文化交流活动、宣传教育等方式，成功地将战争的影响降到最低，赢得了民心和支持。

需要注意的是，硬系统和软系统并不是互相排斥的两个概念。在实际应用中，常常需要根据具体情况选择合适的系统思考方法。对于复杂、不确定的问题，应该更加注重软系统的处理方式；而对于明确、可量化的任务，则更适合使用硬系统的处理方法。因此，我们需要不断学习和掌握新的知识和技能，以适应不断变化的环境和需求。总之，硬系统和软系统各有其适用范围和局限性，只有充分理解它们的差异和互补之处，才能更好地发挥各自的优势，得出最佳的解决方案。

三、系统方法论的特征

系统方法论是一种将事物视为整体、有机体和总体的方法，它强调相互联系、相互作用的辩证观点，认为事物都是以系统的方式存在和发展的。在军事领域，系统方法论的应用尤为重要，它可以帮助指挥员全面、准确地分析战场形势，制定出最优的作战计划。

系统方法论以系统为研究和应用对象，以系统思考为特征，旨在认识和改造系统。它注重整体化、最优化、定量化和模型化等显著特点，为军事决策提供了有力的工具。

整体化是系统方法论的最基本特点。在军事行动中，整体化意味着将各个作战单元、武器装备、人员等要素视为一个整体，综合考虑它们之间的相互关系和影响。例如，在一次联合军事演习中，指挥员需要统筹考虑陆军、海军、空军等各个军种的作战能力和特点，协调它们之间的行动，以实现整体的作战目标。

最优化是系统方法论处理问题的重要特点。在军事领域，最优化意味着在多种可能的作战方案中，选择出最优的方案，使军队处于最优状态，达到最佳效果。例如，在制定作战计划时，指挥员需要运用系统方法论，根据敌情、我情、地形等因素，确定最优的兵力部署、火力配置和战术手段，最大限度地发挥军队的作战效能。

定量化是系统方法论的重要特点之一。在军事决策中，定量化意味着将战场上的各种因素量化，用数学表达式和数字来描述系统的状态和变化规律。例如，在评估敌方战斗力时，指挥员可以通过收集和分析敌方的兵力、武器装备、训练水平等数据，建立数学模型，计算出敌方的战斗效能指数，为制定作战计划提供科学依据。

模型化是系统方法论的又一重要特点。在军事领域，模型化意味着通过建立系统模型来代替真实的战场环境，通过对模型的研究来掌握战场的本质和规律。例如，在模拟演练中，指挥员可以利用计算机仿真技术，构建出真实的战场环境模型，包括地形、天气、敌情等因素，让官兵在虚拟的战场中进行训练和演练，提高作战能力和应对复杂情况的能力。

综上所述，系统方法论在军事领域具有广泛的应用价值。通过运用系统方法论的整体化、最优化、定量化和模型化特点，指挥员可以更加全面、准确地分析战场形势，制定出最优的作战计划，提高军队的作战效能和应对复杂情况的能力。在未来的军事斗争中，系统方法论将继续发挥重要作用，为保卫国家安全和维护世界和平贡献力量。

第二节 干就完了：面向性能的方法论

一、最直接的方法论就是分解

在方法论上，分解是一种分析和解决问题的策略。其核心思想是将一个复杂、庞大或抽象的问题、任务或系统切割成若干个更小、更简单或更具体的子问题、子任务或子系统。这种切割不是随意的，而是基于问题、任务或系统的内在逻辑、结构和关系进行的。

问题之所以能够分解，在于系统所具有的基本属性——层次性。那么如何分解，也就可以从层次性的角度进行。最基本的层次性包括时间层次性和空间层次性。从时间层次性出发，是考虑系统整体随时间变化而所需要解决问题的变化；从空间层次性出发，是考虑系统由诸多要素组成而可以将系统整体分解成若干部分，进而分别加以考虑。

霍尔三维结构，就是将进行分解的方法论，主要包括时间维、逻辑维和知识维，将系统的整个管理过程分为前后紧密相连的时间维的 7 个工作阶段和逻辑维的 7 个步骤，并同时考虑到为完成这些阶段和步骤的工作所需的各种专业知识和管理知识。

时间维描述一个项目从开始到结束的整个生命周期的活动秩序，它由重大的决策点来分隔，分隔点的区间称为阶段（phase）。一般分为七个阶段：①规划阶段。对将要开展研究的系统进行调查研究，明确研究目标，提出设计思想和初步方案，制定出系统工程活动的方针、政策和规划。②方案阶段。根据规划阶段提出的若干设计思想和初步方案，从社会、经济、技术可行性等方面进行综合分析，提出具体计划方案并选择一个最优方案。③研制阶段。以计划为行动指南，把人、财、物组成一个有机整体，使各个环节、各个部门围绕总目标，实现系统的研制方案，并做出生产计划。④生产阶段。生产或研制开发出系统的零部件（硬、软件）及整个系统，并提出安装计划。⑤安装阶段。把整个系统安装调试好，试验运行，制定出运行计划。⑥运行阶段。系统按照预定目标运行服务，要考虑消耗和折旧。⑦更新阶段。完成系统的评价，在现有系统基础上，改进或更新系统，使系统更有效地工作，同时为下一个研制周期准备条件。

逻辑维表示用系统工程方法解决问题的步骤，大体分为7个步骤。它是时间维的每个阶段都要进行的工作步骤（逻辑的思考过程），也是运用系统工程方法进行思考、分析和解决问题时应遵循的一般程序。具体包括：①明确问题。尽可能全面收集资料、了解问题，包括实地考察和测量、调研、需求分析和市场预测等。②选择目标（系统指标设计）。对所解决的问题提出应达到的目标，并制定出衡量是否达标的准则。③系统综合。按照问题的性质及总目标形成一组可供选择的系统方案，对每一种方案进行必要的说明。在系统方案综合时最重要的问题是自由地提出设想。④系统分析。应用系统工程方法、技术，将系统综合得到的各种方案，系统地进行比较、分析，必要时，建立数学模型进行仿真实验或理论计算。⑤方案优化（系统选择）。对数学模型给出的结果加以评价，判别各种方案的优劣，筛选出满足目标要求的最佳方案。⑥做出决策，确定最佳方案。这时必须由领导根据更全面的要求，最后做出决策，选择一个或几个方案来试用，

有时不一定就是以上的最优方案。根据系统工程的咨询性，决策步骤并非系统工程师的工作，但是对于决策技术的研究，则是系统工程的课题之一。⑦付诸实施。按决策结果制定实施方案和计划，完成各个阶段的管理工作。如果实施过程比较顺利或遇到的困难不大，实施计划略加修改和完善即可，并确定下来，那么整个步骤即告一段落。如果实施过程中问题较多，就有必要回到上述逻辑步骤中从认为需要的一步开始重新做起，然后再决策或实施，这种反复有时会出现多次，直到满意为止。

知识维表示为完成上述各阶段、各步骤的活动所需要的各领域广泛的知识和各种专业技术。至于每一步骤和每个阶段都需要哪些专业知识，应视问题的性质、特点而定。

二、战略、战役和战术层面的问题划分

在军事领域，分解作为一种方法论，指的是将复杂的战略、战术或作战计划细分为更小、更易管理和执行的部分。这种方法论认为，通过将大型、复杂的军事任务或问题分解成若干个相对简单、具体的子任务或子问题，可以更有效地制定计划、分配资源、指挥部队和实施行动。

在制定长期军事战略时，分解方法可以帮助决策者将总体战略目标细化为中期和短期的具体目标。例如，将"维护国家安全"这一总体战略分解为加强边境防御、提升武器装备水平、加强人员训练等具体目标。

在战术规划中，指挥官可以将一场大战役分解为多个小战斗或行动。这样有助于更好地分配兵力、物资和火力，并确保每个部队都清楚自己的任务和目标。

在实际作战中，分解方法可以帮助基层指挥官和士兵将复杂的作战指令细化为一系列简单的操作步骤。例如，在执行一次突袭行动时，可以将整个行动分解为接近目标、发起攻击、撤离战场等阶段，每个阶段都有明确的任务和行动准则。

三、不同装备全寿命周期阶段考虑问题的层次性

在军事装备的全寿命周期管理中，不同阶段所考虑的问题确实有所不同，这深刻地反映了系统的层次性原理。以某型坦克为例，其全寿命周期包括研发、生产、部署、使用和退役等多个阶段。

在研发阶段，主要考虑的是技术创新、设计优化和性能验证等问题。这一阶段关注的是坦克的核心技术能力和未来战场上的潜在威胁，因此，研发团队会致力于提升坦克的火力、机动性和防护能力。

在生产阶段，考虑的问题则转变为工艺流程、质量控制和成本控制等。这一阶段的目标是确保坦克能够按照设计要求高效、稳定地生产出来，同时控制成本以满足大规模装备的需求。

在部署和使用阶段，重点考虑的是坦克的作战效能、维护保障和人员培训等问题。这一阶段关注的是如何使坦克在实战中发挥出最大效能，以及如何确保装备在复杂多变的战场环境中保持稳定运行。

在退役阶段，则需要考虑坦克的回收处理、再利用或销毁等问题，以确保环境友好和资源可持续利用。

可见，在不同装备全寿命周期阶段，所考虑的问题具有明显的层次性。这种层次性不仅体现在问题本身的复杂性和重要性上，还体现在解决问题

所需的知识、技能和资源上。因此，在军事装备全寿命周期管理中，必须充分认识到这种层次性，并针对不同阶段的特点和需求制定相应的管理策略和措施。

四、运筹学方法论

运筹学是一门博大精深的学科，起源于第二次世界大战的烽火硝烟之中。当时，英、美等国的科学家在战争的压力下，被迫面对一系列前所未有的战术问题。这些问题不仅复杂多变，而且需要全新的思考方式来解决。于是，在科学家（如 Blackett 等）的带领下，运筹学小组应运而生。

战争作为人类历史上最残酷的试练场，催生了无数科技的进步。在第二次世界大战中，潜艇战、空战、海战等激烈战斗不断提出新的挑战。例如，在德国对英国的夜间空袭中，英国陆军防空指挥部不仅要应对技术难题，还要解决一系列复杂的运筹问题。这些问题涉及如何最优地配置防空资源、如何预测敌人的行动、如何制定有效的防御策略等。

美国参战后，也迅速认识到运筹学在战争中的巨大潜力，并建立了专门的军事运筹机构。这些机构运用运筹学的原理和方法，对武器系统、作战策略、后勤供应等进行了深入的分析和优化，为战争的胜利作出了重要贡献。

战争结束后，运筹学的光芒并没有因和平的到来而黯淡。相反，它从军事领域逐步扩展到经济、工业管理等更广阔的领域，成为管理科学中不可或缺的基础学科。

运筹学的方法论可以概括为提出问题、构造模型、求解模型、解的检验、解的控制和解的实施六个核心步骤。这些步骤构成了一个完整的运筹学问题解决流程。

然而，值得注意的是，运筹学并非万能的。它更适用于那些结构良好、可重复性强、有明确数学模型的问题。对于这些问题，只要作出决策，一个运筹问题就算解决了。但对于决策的实施过程，运筹学则关心较少。

在运用运筹学原理和方法解决具体问题时，还需要注意以下几点。①要明确问题的目标和条件，这是构造模型的基础；②要善于洞察问题的数学本质，选择合适的数学工具来表达和解决问题；③要注重理论与实践相结合，不断从实践中汲取经验，完善和发展运筹学理论。

运筹学作为事理系统的一类，其方法论基础与毛泽东关于特殊矛盾或矛盾特殊性的理论有着密切的联系。每一个运筹问题都是一类特殊的矛盾或矛盾特殊性的体现。因此，不能企图用统一的数学模型去描述和解决所有问题。必须对运筹问题进行分类研究，把握每一类问题的特殊矛盾或矛盾的特殊性。

在构建运筹学模型时，需要用数学形式来表示事理目标和约束条件。这涉及两类变量：一是决策变量或可控变量；二是环境参量或不可控变量。决策变量是运筹学家可以选择或确定的变量，反映了事理系统的状态；环境参量则是在具体问题中给定的、无法改变的变量，反映了客观环境对事理活动的限制条件。

运筹学的发展离不开数学工具的支持。从线性规划到非线性规划、从整数规划到动态规划、从随机规划到网络分析等，每一个分支都需要相应

的数学理论和算法作为支撑。然而，也要警惕一种倾向，即过分追求数学形式的完美而忽视了问题的运筹学意义。运筹学不仅仅是运筹数学，更重要的是运用数学工具来揭示和解决事理问题中的矛盾和规律。

五、硬系统方法论

自第二次世界大战起，硬系统方法论逐渐崭露头角，为解决实际问题提供了一套强有力的工具。运筹学、系统分析和系统工程等硬系统方法论的代表，在战争的硝烟中应运而生，为复杂的工程系统、人机系统的分析、设计和管理提供了解决方案。正如1977年西蒙在《管理决策新科学》一书中所强调的，硬系统方法论的基本思想对解决实际问题具有深远的影响。

硬系统方法论建立在三个基本假设之上。①它承认系统的客观存在性。无论人们需要的系统是否已经存在，都可以通过设计将其创造出来。这种观念将世界上的一切事物都视为系统，关键在于如何描述、研究和改进它们。②硬系统方法论认为系统可以通过明确其目标来定义。例如，一个生产系统可以定义为"在一定约束条件下，运用一定资源以一定生产率生产一定质量产品的组织"。明确目标后，系统便成为达到这个目标的"工程"。③硬系统方法论坚信系统存在最优解。通过运筹学、线性规划、优选法、决策论等数学工具，可以比较不同方案与模型，以求得系统的最优解。

在实践中，硬系统方法论遵循一系列步骤：确定研究的问题系统和优化目标、提出评价指标和备选方案、建立问题系统模型并检验其正确性、收集实际数据并运用模型分析各备选方案的可能实施后果、方案评价选优，以及决断并实施所选方案。这些步骤在诸如"阿波罗登月计划"等工程领域的成功应用中得到了验证。

然而，当硬系统方法论应用于解决社会系统问题时，其局限性逐渐暴露出来。这主要表现在三个方面：①硬系统方法论忽视了系统中人的主观因素，将人与其他机械因素等同对待，导致对现实的主观认识不足；②硬系统方法论在问题研究开始时往往过于乐观地定义目标，而没有提供有效的目标定义方法；③硬系统方法论过于依赖数学模型来解决问题，但对于复杂的社会系统来说，建立精确的数学模型往往是不现实的。

因此，尽管硬系统方法论在系统管理实践中主要适用于解决结构化的技术问题，但随着非结构化、非技术性问题的重要性不断提高，人们开始寻求建立在软系统思想基础之上的软系统方法论来应对这些挑战。这也为我们提供了更多的思考和探索空间，以期在未来的系统管理实践中取得更好的成果。

第三节　找准定向：面向目标的方法论

一、切克兰德方法论

在复杂的军事环境中，当面对结构不良或混乱的问题时，传统的硬系统方法论往往显得捉襟见肘。这时，切克兰德方法论（SSM）作为一种软系

统思考工具，展现出了其独特的价值。SSM 不仅有助于防止决策者对假想问题的先入之见，还能促进对问题本质的深入理解，从而制定出更加合理、有效的解决方案。

在军事领域，硬系统方法论往往将问题视为可以轻易定义和解决的，而 SSM 则采取了一种更加灵活和开放的视角。SSM 认为，当人们对于同一军事情境的看法存在巨大差异时，问题便应运而生。SSM 承认并接受这种多元性，拒绝一成不变的手段——目的模式，转而关注如何在决策和干预过程中引入并探讨多样化的看法。此外，SSM 还强调系统概念的服务性，而非描述性。在军事战略分析中，SSM 将"系统"视为一种组织思维的工具，而非简单地描述现实世界的方式。这种转变使得 SSM 能够更加灵活地应对复杂的军事环境，为决策者提供更加富有洞察力的分析视角。

在运用 SSM 进行军事战略分析时，需遵循四个主要原则：学习、文化、参与以及"两种思考模式"。SSM 将学习视为一个永无止境的循环过程，通过在决策和采取行动前对军事环境的各个部分进行感知和评价，不断推动组织的进步。同时，SSM 强调文化的重要性，认为任何干预活动都必须满足组织和社会文化的约束。参与原则是 SSM 的核心之一。在军事决策过程中，如果不能保证所有相关主体的参与，那么任何应用都将是无效的。"两种思考模式"原则要求决策者在进行系统思考时，既要关注抽象的理想形式，也要关注具体的军事现实。这种思考模式有助于决策者在理想和现实之间找到平衡，从而制定出更加切实可行的战略方案。

SSM 方法论包括七个阶段，形成了一个完整的探询过程。在军事领域，这一过程可以用来解决各种复杂问题，如战略制定、作战计划等。阶段1和阶段2主要关注对军事环境的深入了解。通过观察、收集二手数据以及非正式访谈等手段，决策者可以获取有关军事结构和过程的信息，形成对问题情境的丰富图景。阶段3和阶段4则着重于形成根定义和建立概念模型。根定义是对理想化系统的描述，旨在提炼出将要进行的军事行动的目标、参与者、转换过程等要素。而概念模型则是对这些理想化系统进行抽象和概括，以便更好地理解其运作机制和相互关系。阶段5是比较模型与现实的阶段。在这一阶段，决策者需要将概念模型与实际的军事环境进行对比，找出差异并分析原因。这种比较有助于激发对可能变革的辩论，推动战略方案的进一步完善。阶段6和阶段7则涉及定义变革和采取行动。在确定了需要变革的领域后，决策者需要制定具体的变革计划并付诸实施。这些变革可能涉及态度、结构或程序等方面，旨在推动军事组织朝着更加理想化的方向发展。

综上所述，SSM作为一种软系统思考工具，在军事战略领域具有广泛的应用前景。通过遵循其哲学基础、原则和方法论步骤，决策者可以更加深入地理解复杂的军事环境，制定出更加合理、有效的战略方案。

二、旋进原则方法论

旋进原则方法论，作为一种先进的系统分析方法，近年来在军事领域得到了广泛关注和应用。该方法论强调在复杂系统中通过不断迭代和优化来实现整体性能的提升，其核心理念和步骤对于军事战略规划和作战指挥具有重要的指导意义。

旋进原则方法论是一种基于系统思维和持续改进的决策分析方法。它要求决策者在面对复杂问题时，通过循环往复的分析、评估、决策和执行过程，逐步逼近最优解，实现系统的螺旋式上升发展。

旋进原则方法论的核心理念包括系统思维、迭代优化和持续改进。它要求决策者将问题看作一个整体，注重各要素之间的相互联系和影响，同时，通过不断的试错和修正，逐步优化决策方案，提升系统性能。

旋进原则方法论的实施通常包括以下步骤：一是明确目标，确定系统改进的总体目标和具体指标；二是系统分析，对现状进行全面分析，识别存在的问题和改进的潜力；三是方案设计，制定多个可行的改进方案，并进行评估比较；四是决策执行，选择最优方案进行实施，并监控执行过程；五是评估反馈，对实施效果进行评估，根据反馈信息进行方案调整和优化；六是迭代循环，重复上述步骤，不断迭代优化，实现系统的持续改进。

旋进原则方法论在军事领域应用广泛，包括战略规划、作战指挥、武器系统研发、后勤保障等方面。例如，在战略规划中，可以通过旋进原则方法论来优化力量布局、提升作战效能；在作战指挥中，可以运用该方法论来完善指挥流程、提高决策效率。

旋进原则方法论具有以下优势：一是系统性，强调整体优化，避免片面追求局部利益；二是灵活性，能够适应复杂多变的环境和需求变化；三是持续改进，通过不断迭代优化，实现系统性能的持续提升；四是决策科学，基于数据和分析进行决策，提高决策的准确性和有效性。

以某型导弹武器系统的研发为例，研发团队在应用旋进原则方法论时，首先明确了提升导弹命中精度和作战效能的总体目标。随后对现有导弹系统进行了全面分析，识别出了影响命中精度的关键因素。在此基础上，研发团队设计了多种可能的改进方案，并通过模拟实验和实地测试对这些方案进行评估比较。最终选择了最优方案进行实施，并对实施效果进行了严格监控和评估。通过不断的迭代优化和改进调整，导弹武器系统的命中精度和作战效能得到了显著提升。这一案例充分展示了旋进原则方法论在军事领域的实际应用价值和优势。

三、隐喻方法论

隐喻方法论，作为一种思维工具，其核心在于通过已知、简单的概念或模型来理解和表达未知、复杂的概念或现象。在军事领域，隐喻尤为重要，因为它能够帮助军事人员快速、准确地把握复杂战局的本质，制定出有效的战略和战术。

隐喻方法论在军事系统中的重要作用包括以下三个方面：一是能够变繁为简。军事行动往往涉及多方面的因素，如地形、天气、敌方动态、我方资源等，隐喻方法论能够将这些复杂的信息简化为易于理解的模型和图像，如"棋盘上的棋子"，使指挥官能够迅速做出决策。二是能够提供沟通桥梁。在军事组织中，不同层级的人员需要具备共同的理解和沟通基础，隐喻作为一种普遍的语言现象，能够跨越文化和专业背景的差异，促进信息的有效传递。三是可以启发思维。隐喻不仅能够描述现实，还能够激发新的想法和策略，例如将战场比作"海洋"，可能会启发出利用流动性、隐蔽性等特性的新战术。

隐喻方法论在军事系统中的应用包括四个步骤：一是识别与定义。首

先需要识别出军事系统中的关键概念和复杂现象，然后通过定义这些概念的核心特征，为后续的隐喻映射奠定基础。二是隐喻映射。将识别出的军事概念或现象映射到日常生活中熟知、简单的模型或图像上，例如，将"战场态势"映射为"棋盘游戏"，其中各方势力、地形优势等都可以对应到棋盘上的不同棋子和位置。三是解释与应用。通过隐喻映射，原本复杂的军事概念变得易于理解，在此基础上可以进一步分析战场态势、预测敌方行动、制定我方策略等。四是评估与调整。隐喻作为一种简化的模型，必然存在局限性，因此在应用过程中需要不断评估其有效性，并根据实际情况进行调整和完善。

隐喻方法论在军事系统中具有重要的应用价值。它不仅能够帮助军事人员简化复杂的战场信息，还能够促进不同层级、不同背景人员之间的有效沟通。更重要的是，隐喻能够启发新的思维方式和战术策略，为军事行动带来意想不到的效果。因此，在未来的军事教育和训练中，应当重视隐喻方法论的学习和应用。

第四节　找准途径：面向创新的方法论

一、后现代系统思考

在军事领域中，后现代系统思考提供了一种全新的视角和方法来审视和解决复杂的战略问题。与现代主义观点不同，后现代主义者强调对多重解释的接受、对差异的宽容，以及对不稳定性和不确定性的利用。这种思考方式在军事战略中具有重要的应用价值。

以一场现代战争为例，后现代系统思考者拒绝接受单一的、固定的战略方案，而是倡导对战争的多重解释和多样化战略的选择。他们认识到战争中的不确定性和复杂性，并强调利用这些特性来制定更加灵活、适应性强的战略。

参与型需求评估与行为开发（PANDA）作为一种后现代方法论，在军事领域具有广泛的应用前景。它通过混合使用不同的视角、接受矛盾性、承认并肯定差异和多样化，为军事战略的制定提供了一种开放且灵活的方法。

在一次军事行动中，PANDA 的应用可以体现在以下几个方面。首先，通过遴选参与者并明确目的和目标，可以确保不同利益相关者的观点得到充分的尊重和考虑；其次，通过探明问题情形、识别选项、研究选项和比较选项，可以对军事行动中的各种可能性和风险进行全面的评估；最后，通过决议和监督评价阶段，可以确保军事行动的有效实施和及时调整。

在一次重大的军事决策中，后现代方法的应用可以显著提高决策的灵活性和适应性。例如，在面对一个复杂的敌方阵地时，传统的硬系统方法论可能会倾向于制定一套固定的攻击方案。然而，后现代系统思考者会认识到敌方阵地的复杂性和不确定性，并倡导利用生成性交谈等后现代方法来探索更多的战略选项。

通过生成性交谈，决策者可以引入不同的观点和思考方式，从而激发新的战略灵感和创意。这种交谈不是彼此对立的，而是运用概念进行切磋

的游戏。在交谈过程中，决策者可以注意到习惯和模式的牵引力，并意识到某些连接方式的张力。通过这种方式，决策者可以发现并利用创造性的误解，从而制定出更加出其不意、灵活多变的战略方案。

后现代系统思考对军事管理者的价值主要体现在以下几个方面。一是强调多样化和创造性。在后现代战争中，多样化和创造性成为取得成功的关键因素，后现代系统思考鼓励管理者对所有形式的多元主义进行试验并从中学习，从而培养出更加灵活、适应性强的思维方式。二是挑战普适方案。后现代主义对存在普适方案的观念提出挑战，在军事领域，这意味着没有一种固定的战略方案可以适用所有情况，后现代系统思考鼓励管理者根据实际情况制定定制化的战略方案，以适应不同的战争环境和敌人特性。三是提供独具创意的后现代系统方法。后现代系统思考已经给出一些独具创意的后现代系统方法，如 PANDA 和生成性交谈等，这些方法以后现代主义精神或以服务于某些其他系统方法的形式得以利用，为军事管理者提供更加丰富和多样的工具来应对复杂的战略问题。

综上所述，后现代系统思考在军事战略中具有重要的应用价值。它提供了一种全新的视角和方法来审视和解决复杂的战略问题，强调对多重解释的接受、对差异的宽容，以及对不稳定性和不确定性的利用。通过运用后现代方法论，如 PANDA 和生成性交谈等，军事管理者可以制定出更加灵活、适应性强的战略方案，以应对现代战争中日益增加的复杂性和不确定性。

二、TRIZ 理论

TRIZ 理论被誉为创新领域的"超级发明术"，其核心在于解决冲突。

在设计的漫漫征途中，冲突无处不在，而 TRIZ 理论就如同明灯，指引着设计者发现并解决这些冲突。通过系统地分析问题，设计者能够迅速触及问题的本质，打破思维定式，从而准确识别出产品设计中需要解决的关键冲突。这种冲突可能是技术上的瓶颈，也可能是市场上的需求与供给不匹配。利用 TRIZ 理论，设计者可以站在全新的视角审视问题，发现前所未有的解决方案。

TRIZ 理论不仅关注问题的解决，更强调对问题背后深层次矛盾的挖掘。这些矛盾可能是技术进化过程中的必然产物，也可能是设计者在追求创新时无意中引入的。通过揭示这些矛盾，TRIZ 理论帮助设计者找到问题的症结所在，进而提出具有创新性的解决方案。这种解决方案不仅能够缩短发明的周期，提高发明的成功率，还能使发明问题具有可预见性，从而降低创新的风险。

TRIZ 理论认为，每一个问题都是一个潜在的创新机会。通过将特殊问题转化为标准问题，设计者可以利用 TRIZ 理论提供的标准解决方法来解决问题。这些标准解决方法是阿奇舒勒在对大量专利进行研究、分析、总结的基础上提炼出来的，构成了 TRIZ 理论的核心内容。

在军事领域，TRIZ 理论同样具有广泛的应用价值。例如，在新型武器系统的研发过程中，设计者需要不断面对各种技术挑战和矛盾。利用 TRIZ 理论，可以快速找到问题的关键所在，提出具有创新性的解决方案。这种解决方案可能是一种全新的武器构型，也可能是一种优化的作战策略。无论是哪种情况，TRIZ 理论都能够帮助军事设计者提高研发效率，降低研发成本，从而在未来的战场上占据优势地位。

TRIZ 理论的精髓在于其独特的思想体系和创新观。它强调以矛盾解决

为核心标志的辩证式创新观，鼓励设计者从问题的本质出发，逆向寻找解决问题的方式。这种创新观不仅适用于产品设计领域，也适用于军事战略制定、企业管理等多个领域。通过运用 TRIZ 理论，可以挖掘和开发自己的创造潜能，实现技术创新和思维方式的双重飞跃。

三、后现代主义方法论

自 20 世纪 60 年代以来，西方世界涌现出一股强烈的思潮——后现代主义，带有鲜明的反西方近现代体系哲学色彩。这一思潮并非固定的教条，而是一种普遍存在的情绪，它坚信人类有能力且必须超越现代性的桎梏。后现代主义的核心是无中心意识和多元价值取向，它是对科技理性逐渐侵蚀工具理性，并在与人文理性的博弈中占据上风的深刻反思。

后现代主义对真理、进步等传统价值的质疑，催生了价值相对主义、怀疑主义和价值虚无主义的兴起，从而揭示了价值的相对性和多样性。在军事领域，这种思潮的影响尤为显著。例如，在冷战期间的战略制定中，后现代主义的多元价值取向使得决策者开始重视不同文化和政治背景下的战略思考，而不仅依赖单一的、线性的战略模型。

当前，科学认识和方法论面临着诸多挑战。首先，科学体系往往追求统一性和一致性，却忽视了人类存在的重要基石——多样性。在复杂的战场环境中，这种对多样性的忽视可能导致战略决策的失误。其次，对客观世界的唯一解读往往是不准确的。在军事行动中，对敌方意图和能力的多元理解至关重要，因为真理往往是相对的，同一现象可能有多种不同的解释和应对策略。

　　社会科学的复杂性和多变性要求我们在解决问题时采取多种方法和手段。在军事领域，这意味着灵活多变的战术和战略，以及对多种决策主体的包容和尊重。后现代主义在这方面具有独特的解释力，尤其在面对价值观差异较大的情况时。

　　与现代主义相比，后现代主义在哲学、思想、方法和设计语言上都呈现出鲜明的对比。现代主义以理性主义和现实主义为基石，而后现代主义则倾向于浪漫主义和个人主义。在思想上，现代主义崇拜技术和功能的逻辑性，后现代主义则更加强调高技术与人性的融合，以及以人为本的理念。

　　在方法论上，现代主义注重物性的绝对作用、标准化和一体化等原则，追求高效率和高度技术化。然而，后现代主义更加注重人性经验的主导作用、时空的统一性与延续性，以及历史的互渗性，它倡导个性化、散漫化和自由化的方法论取向，这与现代战场的复杂性和多变性不谋而合。

　　在设计语言上，现代主义遵循"功能决定形式"的原则，强调简洁和实用。而后现代主义则推崇形式的多元化、模糊化和不规则化，注重历史文脉和意象的表达，以及隐喻主义的运用。这种设计语言在军事装备和设施的设计中也有所体现，例如，通过色彩、造型和符号等元素来传达特定的文化和政治信息。

　　后现代主义方法论的特征包括强调事物的内在联系、主张语言符号分析，以及对基础主义、本质主义和结构主义的批判等。它还反对二元论和总体性观念，并重视非理性分析和存在虚无主义分析倾向。作为一种独特的方法论工具，后现代主义为我们认识世界提供了新的视角和思维方式，尤其在军事领域的应用中具有重要的启示意义。

四、西那雅卡那系统方法论

在当今日益复杂的地缘政治环境下，为加强边境安全，采用西那雅卡那系统方法论对现有的边境防御体系进行全面重构。这一决策背后是对国家安全的深思熟虑和对现代战争形态变化的敏锐洞察。在重构过程中，军事专家首先进行了详尽的敌我力量对比分析，深入研究了潜在对手的战略意图、作战能力以及可能采取的入侵路径。同时，他们充分利用了边境地区的地形优势，如山脉、河流等自然屏障，将其纳入防御体系的设计之中。此外，最新技术的广泛应用也是这次重构的一大亮点，包括无人机侦察、智能传感器网络、大数据分析等先进技术，都被整合进了新的防御系统中。经过这一系列的综合分析与精心设计，构建成既高效又灵活的边境监控与快速反应系统。这一系统在实际运行中展现出了卓越的性能，不仅显著提升了边境地区的整体安全水平，还在多次模拟演练和实际应对潜在威胁的过程中表现出了出色的适应性和应对能力。

西那雅卡那系统方法论是一种强调整体优化和协同作用的先进理念，在军事领域的应用尤为广泛。它突破了传统军事思维中各部分相互独立的局限，转而注重系统内各组成部分之间的相互关联和影响。通过精确调整、优化系统的内部结构和工作流程，实现整体作战效能的最大化。

西那雅卡那系统方法论的核心原理在于其综合集成与动态适应的能力。在边境防御案例中，这种能力具体体现在对多种防御手段的综合运用上。从物理屏障到电子战系统，再到空中侦察和地面巡逻，所有元素都被紧密地集成在一个统一的指挥控制体系下。同时，系统还能根据实时收集的情报进行快速调整，确保在任何情况下都能保持最佳的防御姿态。这种灵活性使得防御系统能够更好地适应复杂多变的战场环境，有效应对各种突发状况。

采用西那雅卡那系统方法论的军事系统无疑需要具备高度的信息化和智能化水平。在实际应用中，必须高度重视数据收集与分析能力的提升，确保能够实时准确地掌握战场动态。同时，加强系统各部分的协同训练也是提高整体作战效能的关键。此外，面对不断变化的安全威胁和技术发展，还需要持续更新和优化系统结构，保持防御体系的先进性和适应性。为了实现这些目标，对策建议包括但不限于加强相关技术的研发投入、提升人员素质和技能水平，以及不断完善作战流程和指挥体系等。

第五节　复杂问题：面向综合的方法论

一、钱学森综合集成方法论

综合集成方法论是由著名科学家钱学森提出的一种科学方法论，其实质在于将专家体系、数据和信息体系，以及计算机体系有机结合起来，构成一个高度智能化的人机结合、人网结合的系统。这个系统本身也是开放的复杂巨系统，其成功应用在于发挥其综合优势、整体优势和智能优势。该方法论强调定性与定量相结合的研究方法，并倡导将经验和智慧相结合，以实现整体优化和协调运作。其理论基础包括思维科学、系统科学、数学

科学、计算机科学，以及马克思主义实践论和认识论，旨在通过综合集成各种知识和信息，实现从多方面的定性认识上升到定量认识。

在武器装备领域，综合集成方法论的应用体现在将武器装备的各个方面系统地联系在一起，建立起信息化与武器硬件之间不可分割的关系，强调全面性和整体性的连接，以及武器装备集成化的系统性和一体性。在武器装备研制中，并存着相互关联的两个系统：行政指挥系统和设计师系统。

行政指挥系统主要由武器装备的型号总指挥和各级指挥人员组成，负责整个研制项目的行政管理、资源调配、计划安排和进度控制等工作。型号总指挥通常是整个项目的最高行政负责人，主要确保项目按照预定的目标、成本和时间表进行，同时还要处理与项目相关的各种外部关系和协调内部各部门之间的工作。

武器装备研制设计师系统，是由各级设计师（包括型号总设计师、系统或分系统的主任设计师、单项设备的主管设计师等）组成的跨建制、跨部门的技术指挥系统，主要负责武器装备研制中的设计技术工作，包括需求分析、方案设计、详细设计、试验验证以及后续的改进优化等。各级设计师需要在技术上把关，确保设计方案的正确性、先进性和可行性，同时还要与行政指挥系统密切配合，确保技术工作与整个项目的进度和资源分配相协调。

行政指挥系统和设计师系统需要密切合作、相互支持。行政指挥系统要为设计师系统提供必要的资源保障和工作环境，设计师系统则要为行政指挥系统提供准确的技术信息和决策支持。只有这样，才能确保武器装备研制项目的顺利进行和最终成功。

设计师系统是综合集成方法的具体应用模式，也是中国武器装备研制的特有组织模式，综合集成方法论是一种具有前瞻性和实用性的科学方法论，对于推动科学技术的发展和应用具有重要的意义。

二、全面系统干预（TSI）方法论

TSI 的哲学基础——批判系统思考，强调了互补主义、社会意识和人类福利与解放的重要性。这种思考方式反对孤立主义和实用主义的局限性，提倡不同方法论之间的互补与合作，以更全面地理解和解决组织问题。同时，它也强调了社会意识的重要性，即在应用特定方法论时要考虑其社会影响。最重要的是，批判系统思考追求的是人类的福利和解放，旨在使组织中的每一个人都能充分发挥其潜能。

在 TSI 原则中，可以看到其对组织复杂性的深刻理解和应对之道。它承认组织问题的复杂性，因此提倡采用一系列系统隐喻来研究组织及其面临的困难。这些隐喻可以从不同角度揭示组织的本质和问题，为管理者提供全面的视角。同时，TSI 也强调了不同系统隐喻与方法论之间的互补性，以及评价不同方法论的强项和弱项的重要性。

TSI 的三个阶段——创造、选择和实施，构成了一个完整的方法论循环。在创造阶段，管理者通过系统隐喻对组织进行创造性思考，揭示出组织的主要问题和关注点；在选择阶段，管理者根据问题的具体情境选择合适的系统方法论进行干预；在实施阶段，将选定的方法论转化为具体的变革建议，以解决组织问题。

对于管理人员而言，TSI 的价值在于其提供了一种全面而系统的思考方式。它鼓励管理者在面对复杂问题时深思熟虑，而不是盲目追求管理时尚

或速效良方。同时，TSI 也为管理者提供了丰富的工具和方法论，以应对不同的问题情境。最重要的是，TSI 强调了批判性自我反思的重要性，为管理者提供了一个持续学习和改进的平台。

例如，在军事领域中，TSI 的应用同样具有重要意义。在面对复杂的战场环境和多变的军事问题时，军事管理者可以借鉴 TSI 的方法论进行思考和决策。通过运用系统隐喻来揭示战场问题的本质和关键点，选择合适的系统方法论进行干预和指导，最终实施具体的军事策略和行动。这样不仅可以提高军事决策的科学性和有效性，还可以促进军事组织的持续学习和创新。

综上所述，TSI 为管理者提供了一种全新的思考方式和解决问题的工具。它的哲学基础、原则和阶段构成了一个完整的方法论体系，为应对复杂多变的组织问题提供了有力的支持。对于追求卓越管理的管理者而言，掌握和运用 TSI 无疑是一项重要的能力。

三、WSR 方法论

WSR，即物理–事理–人理方法论，起源于 20 世纪 90 年代初的中国，由著名系统科学专家顾基发教授与朱志昌博士联合提出。这一独特的方法论不仅提供了一种全新的决策和问题解决框架，还成为连接东方哲学与西方现代管理理论的桥梁。在 20 世纪 80 年代的知识浪潮中，顾教授在与各界领导和管理者的交流中，逐渐形成了将"物理""事理"和"人理"三者结合的思想。他强调，一个优秀的领导者应具备"懂物理、明事理、通人理"的综合素质。而对于不同角色的工作者，如自然科学工作者、系统工程专家等，对这三者的掌握程度又有所不同。

"物理"是探讨物质世界运行规律的基石。它涵盖了从狭义物理学到化学、生物学、地理学乃至天文学的广阔领域。在"物理"的指引下，我们追求的是真实性和客观性，用自然科学的知识去揭示"物"之本质。"事理"则着眼于做事的逻辑与方法。无论是美国阿波罗计划的精密策划，还是核电站建设的复杂管理，都离不开对事理的深入理解和应用。运筹学、管理科学等提供了解决"如何去做"这一问题的钥匙。"人理"则是处理人际关系和人文因素的智慧。它涉及人的价值观、信仰、文化以及情感等多个层面。在处理任何"事"和"物"时，"人"始终是关键因素。人理的作用在诸多方面都有所体现，如激励创造力、促进团队协作，以及在复杂利益格局中寻找平衡点等。这三者相互交织，构成了 WSR 方法论的核心。忽视了其中任何一个方面，都可能导致决策的失误或项目的失败。

WSR 方法论的工作过程如同一场精心编排的交响乐。从理解领导意图开始，到深入调查分析，再到形成明确目标、建立模型、协调关系，最后提出建议，每个步骤都充满了挑战与智慧。在这个过程中，WSR 强调综合原则、参与原则、可操作原则和迭代原则。它鼓励全员参与，注重实践的可操作性，并认识到决策过程往往是一个循环迭代、不断学习的过程。

在 WSR 方法论中，"人理"被视为尤为关键的一环。人理涉及人与人之间的关系、感情、习惯、知识、利益等多个层面。对这些因素的深入理解和妥善处理，是确保项目成功和决策明智的关键。例如，在处理复杂的社会网络关系时，需要运用社会网络图等工具来揭示和分析这些关系；在理解人们的感情和习惯时，需要运用心理学和社会学的知识来进行深入探究；在协调不同利益时，需要运用对策论等工具来寻找妥协解、和谐解。

总之，WSR方法论是一种融合了物理、事理和人理的综合性决策方法。它强调对事物全面、深入的理解和分析，注重人的因素和人文精神的融入。在军事领域等复杂多变的环境中，运用WSR方法论进行决策和解决问题无疑具有重要的实践价值。

四、六顶思考帽思维工具

六顶思考帽是一种强大的思维工具，由爱德华·德博诺（Edward de Bono）博士提出，旨在帮助人们更有效地思考和决策。这种方法通过让参与者在不同阶段戴上象征不同思维模式的"帽子"，来引导他们以特定的方式思考问题。下面详细解释每顶帽子的颜色、象征意义及其在军事领域的应用。

白帽（白色）。象征意义是中立、客观的事实和数据。主要作用是在思考和决策过程中，白帽思维者专注于收集、提供和分析信息，不掺杂个人情感或偏见。例如，在制定作战计划时，白帽思维者会负责收集和整理敌我双方的兵力、装备、地形等客观数据，为决策提供基础信息。

红帽（红色）。象征意义是情感和直觉。主要作用是允许思考者表达他们对某个问题的直观感受、情绪反应和直觉判断。例如，在紧急情况下，如遭遇突然袭击时，红帽思维可能帮助指挥官快速作出直觉判断，采取紧急措施应对。

黑帽（黑色）。象征意义是谨慎、批判和风险评估。主要作用是黑帽思维者专注于识别潜在的问题、障碍和风险，提出质疑和批判性意见。例如，在评估作战计划时，黑帽思维者会负责指出计划中的漏洞、可能遭遇的困难和潜在的风险。

黄帽（黄色）。象征意义是乐观、积极和建设性思考。主要作用是鼓励思考者探索正面因素、可能性和机会，提出建设性的解决方案。例如，在士气低落或面临困境时，黄帽思维有助于提振士气，寻找突破困境的积极方法。

绿帽（绿色）。象征意义是创造力、新思维和创新。主要作用是激发思考者的创造力和想象力，探索新的想法、解决方案和可能性。例如，在需要制定新颖战术或应对策略时，绿帽思维者能够提出非传统的、创新性的建议。

蓝帽（蓝色）。象征意义是控制、管理和思维的组织。主要作用是蓝帽思维者负责引导思考过程，确保遵守规则，管理各种思维模式的使用顺序和时间分配。例如，在军事会议或决策过程中，蓝帽思维者可能是会议的主持人或决策者，负责确保会议的高效进行和决策的有效实施。

通过在不同阶段使用不同的思考帽，军事人员可以更加全面、系统地思考问题，减少决策中的偏见和错误。这种方法在复杂的军事环境中尤为重要，因为它能够帮助决策者更加清晰、有条理地应对各种挑战。

第六节　立场不一：面向协调的方法论

一、如何进行利益协调

在处理军事、政治、社会、工作、生活等复杂的决策问题时，很多时

候涉及多方利益，在这种情况下，如何进行多方利益协调，太难了！

事件1：西安一高校为省水，为女生设"站立厕所"，引起各种争议，成为一大新闻。

事件2：在针对南海问题时，中国一个基本的立场就是防止美国插手。

事件3：职称制度改革牵动人心，包括对英语、计算机不作统一要求，学术造假一票否决，重大突破将直接申报高级职称等，引发了社会的广泛关注。

上述问题大量存在，由于涉及了多方利益，如何决策能够更加科学、有效，就需要方法论的支撑。关于三个事件的特点分析如下：

事件1：不仅是做决策的问题，还涉及大量的后续人员执行问题。

事件2：主要涉及谁是相关方，让谁参与决策的问题。

事件3：主要涉及职称改革的不同涉及人员，其具体想法的挖掘问题。

上述三个事件各采用什么方法论？

事件1：由于既要考虑多方利益，又要考虑执行顺畅，可以采用交互式规划方法论，让所有利益相关方来参与决策，形成共识，创新方案，共同执行。

事件2：由于谁参与决策直接影响到哪些人的利益需要协调，不进决策圈就没有决策权，也就无法获取利益，这时候，哪些人（机构、系统）需要纳入决策者是最为关键的，这就需要采用批判系统启发法方法论，主要采用相关问题提问的方式，明确受益方、服务对象、标准、决策者、资源、环境、设计师、专家、实施方、监督方、见证方等，确定哪些人进入决策圈，拥有决策权。事件2中，由于美国不是当事国，介入南海问题就是为了扰乱中国，所以我们坚决拒止。

事件3：职称改革主要影响的是评职称的技术人员，利益相关人员较为明确，但是不同人也会有不同的看法，决策这类问题，就需要考虑不同类型的技术人员对于这个事件的不同认识，把他们的想法挖掘出来，形成共识来做出结论，这种工作方式就是典型的基本假设表面化与检验方法论做法。

在多方利益需要协调时，如果内部机理简单，就需要考虑衡量哪些利益，这时，就采用批判系统启发法方法论。

如果利益相关方较为明确，但机理不清楚，这种情况需要挖掘多方利益人员的真实想法，这时，就采用基本假设表面化与检验方法论。

如果不仅需要做出决策，还需要利益相关方去落实，不落实决策也就没有效用，这时候，就让利益各方参与到决策中，采用交互式规划方法论。

二、批判系统启发法

在传统的军事策略制定中，不论是硬性的作战目标及手段，还是软性的共识与变革，都缺乏一种提供批判性反思手段的系统方法。这意味着在决定"如何行事"时，往往只关注一组待控制的变量。然而，乌尔里克的批判系统启发法（Critical System Heuristics，CSH）为军事策略制定者提供了一个注重实用的系统思想框架，以决定"应该做什么"。

乌尔里克的 CSH 强调对构成寻求知识和追求理性行动的假设进行反思。在军事背景下，这意味着策略制定者必须使他们的决策透明化，以便接受检查和讨论。例如，在制定一项针对敌方要塞的攻击策略时，传统的方法可能只关注如何最大化火力输出和最小化我方伤亡，但 CSH 会要求策略制定者考虑更广泛的问题：这次攻击的真正目的是什么？是否考虑了所有受

影响的利益相关者？是否存在其他更人道或更有效的解决方案？

沃纳·乌尔里希（Werner Ulrich）的方法论围绕"有目的的系统范式"构建，这在军事策略中尤为重要。在战场上，每个行动都有其目的，而 CSH 要求这些目的必须贯穿于整个系统。例如，在一次联合军事行动中，各国部队可能有各自的目的和议程。通过应用 CSH，策略制定者可以确保所有参与方的目的都被充分考虑，并创造与这些目的相关的知识，鼓励关于各种目的的辩论。

表 4-1 为乌尔里希的 12 个用"应该是"形式表示的边界判断。

表 4-1　乌尔里希的 12 个用"应该是"形式表示的边界判断

1	受益者应该是谁：谁应该从干预中获益？谁被有意或无意地指定为受益者
2	目的应该是什么：干预应该追求的目标是什么？其预期的"改进"是什么
3	衡量成功的标准应该是什么：应该用什么标准来判断干预是否成功达到了其目的
4	决策者应该是什么：谁应该有权力做出关于干预的关键决策
5	决策所依据的资源应该是什么：决策者应该控制哪些资源（资金、权力、信息、时间等）来实施决策
6	决策环境应该是什么：决策者应该在什么样的约束条件下（法律、环境、技术、时间等）运作
7	设计者应该是什么：谁应该负责设计干预措施？谁的知识和价值观塑造了方案
8	设计所依据的专长应该是什么：设计者应该运用哪些类型的知识和技能
9	设计所依据的保证应该是什么：设计者应该提供哪些保证（如有效性、可行性、无重大负面后果）
10	见证者应该是什么：谁应该代表那些受干预影响但可能无法为自己发声的人（如未来世代、环境、弱势群体）
11	解放应该是什么：干预应该如何确保那些受其约束的人（如受益人、工作者、受影响的社区）能够自由地质疑和挑战这些约束
12	世界观应该是什么：应该基于哪种整体视角或世界观（信仰体系、意识形态、范式）来理解和评判干预及其边界判断

此外，乌尔里希的 12 个边界问题在军事策略中也具有重要意义。例如，在规划一次维和行动时，策略制定者可能会问："谁应该是这次行动的当事

人（受益者）？" "行动的目的应该是什么？" "衡量成功的标准应该是什么？"，等等。这些问题有助于揭示策略中的规范内容，确保所有利益相关者的观点都被考虑。

假设某地区的多个国家决定举行一次联合军事演习，以展示团结并提升协同作战能力。在策划这次演习时，策略制定者可以应用 CSH 来确保演习的成功。首先，他们可以使用乌尔里希的 12 个边界问题来引导讨论。例如，他们可以问："谁应该是这次演习的当事人（参与国）？" "演习的目的应该是什么？" "如何衡量演习的成功？"，等等。这些问题有助于明确演习的目标和期望结果。其次，通过应用 CSH 的 "辩论式运用边界判断"，策略制定者可以鼓励参与国之间的对话和辩论。这有助于揭示各国之间的不同观点和利益诉求，从而确保演习的设计能够充分考虑所有参与国的利益。最后，在演习的执行阶段，策略制定者可以继续使用 CSH 来监督和评估演习的进展。例如，他们可以定期回顾和调整演习的目标和成功标准，以确保演习始终与参与国的期望保持一致。

对于军事管理者来说，CSH 提供了一种全面而系统的方法来制定和执行军事策略。它强调结合所有利益相关者的价值观，鼓励对话和辩论，并关注那些受到影响但没有被直接牵扯进来的人员。通过应用 CSH，军事管理者可以更加自信地面对复杂的战场环境，制定出更加合理和有效的军事策略。

三、SAST 基本假设表面化与检验

在军事战略与复杂系统管理的交会点上，SAST 方法论如同一盏明灯，

为那些迷失在错综复杂的关联系统问题中的求解者指明了方向。SAST，即基本假设表面化与检验，是一种专为解决结构复杂、机理模糊、目标多元的"软系统"问题而设计的方法论。

在军事领域中，这类问题尤为突出：战争迷雾下的决策、多方利益的协调、战略目标的调整等，无不要求指挥者具备处理复杂系统的能力。梅森和米特洛夫深受丘奇曼系统哲学思想的影响，他们认识到，处理这类问题的关键在于突破现有方法模式的束缚，吸纳那些与现有方法相悖、具有挑战性的策略。基本假设表面化正是这样一种方法，它采用整体性思维，旨在挖掘并分析不同利益群体背后的关键假设，通过综合优化，实现对现有方案的改进。

SAST 的核心思想在于整体思维、集体参与、实现对立、挖掘假设、不断综合、实现优化。在军事决策中，这意味着将各方利益相关者纳入决策过程，挖掘他们背后的假设和真实目的，通过激烈的辩论和综合，形成共识，从而优化决策方案。例如，在制定一项军事行动计划时，不同部门可能有不同的目标和考虑因素：作战部门关注战术可行性，后勤部门关注资源保障，情报部门关注敌情判断等。通过 SAST 方法论，可以将这些不同观点背后的假设挖掘出来，进行综合考虑，从而制定出更加全面、可行的行动计划。

在运用 SAST 时，军事决策者应注重参与性原则、对抗性原则、综合性原则和管理思想支持原则。这些原则确保了决策过程的全面性、对抗性和创造性，有助于提高决策的质量和效率。同时，SAST 的基本步骤——形成小组、假设表面化、组织辩论、综合优化，为军事决策者提供了一种系统化、结构化的决策框架。

SAST 在军事领域的应用优势显而易见。首先，它协助军事决策者进行目的性决策，充分了解各方的真实想法和利益诉求，为实现多方利益平衡和共识创造条件；其次，SAST 中的激烈辩论能够激发创造性思维，为军事问题的解决提供新思路和新方法；最后，SAST 使军事决策者克服"非此即彼"的限制思想，综合各方对立思想的可取之处，实现对现有方案的优化和改进。在信息化战争时代，面对日益复杂的战场环境和多元的利益诉求，SAST 无疑为军事决策者提供了一种有力的工具和方法论支持。

四、交互式规划

在现代军事战略决策中，经常面临错综复杂的问题。这些问题往往由于涉及多方利益和纷繁的变数，使我们难以判断未来的方向，更不知道从何处着手解决。然而，正是在这样的困境中，交互式规划方法论如同一盏明灯，为我们照亮了前行的道路。

交互式规划是由阿科夫在《创造公司的未来：要么计划，要么被计划》一书中提出的理念，在军事领域同样展现出了其独特的价值。交互式规划，以规划计划为抓手，以整体考虑为中心，以集体参与为特点，以规划未来各阶段的理想状态为目标，通过规划计划解决涉及多方利益的复杂系统管理问题的方法论。

交互式规划中强调集体参与、互动主义和化解矛盾。一是集体参与。决策者进行的很多决策中，最困难的是需要明确多个利益相关方的具体想法和评价标准，决策者往往认为自己很理性，而当利益相关方和自己意见

不一致时，往往认为他人不够理智，如果让利益相关方都参与进来，这个问题就迎刃而解了。因此，交互式规划提倡在传统的"领导+智囊团"科学决策体制的基础上，让利益相关方参与到规划计划中，达到系统内统一思想、平衡利益、协同工作、有效激励的目的。二是互动主义。在遇到一个问题时，一些人采取积极的解决方式，即找到问题产生的根源，解决根源问题，实在解决不了的情况下，就从表层来解决；另一些人则是消极解决，尽量维持现状，将就过去就算。交互式规划通过多方参与，在考虑系统发展的过去、现在和将来的基础上，设计能够使各利益相关方都满意的未来各个阶段的理想状态。三是化解矛盾。交互式规划不强调问题的解决，而是尽可能将问题化解掉，通过化解矛盾来解决问题。

交互式规划的步骤严谨而科学。从问题表述开始，通过系统分析、问题诊断和参照系统描述等手段，对组织面临的战略环境进行全面剖析。接着，制定明确的目标计划，形成符合各方利益的战略发展路线图。在此过程中，充分利用利益相关方的智慧和创意，综合优选各种发展途径和手段。然后，制定资源计划，确保战略实施的可行性和可持续性。最后，考虑实施和控制问题，明确责任分工和监督机制。

交互式规划的优势在军事领域同样显著。它促进了各方参与和协同合作，保证了战略规划能够正确反映各利益相关方的价值观和利益诉求。同时，利益相关方在规划过程中发挥了主导作用，有助于形成更加有效和切实可行的战略方案。此外，交互式规划还增强了战略规划的创造性和灵活性，拓展了参与人员的视野和思维方式。最重要的是，它有助于统一思想、产生共识、消除误解和分歧，为军事战略规划的顺利实施扫清了障碍。

五、团组协整

在军事战略规划和决策过程中，确保各方利益相关者的有效参与和意见整合至关重要。这不仅可以增强决策的科学性和民主性，还有助于提升执行效率和士兵士气。在这方面，"团组协整"方法展现出了独特的价值。

"团组协整"是由斯塔福德·比尔提出的一种民主决策方法，它结合了组织控制论和生存系统模型的原理。通过利用20面体的几何特性，该方法能够在拥有共同知识和经验的人群中，针对特定话题进行有效的非层级参与式决策。在军事领域，这种方法可以应用于战略规划、创新管理和知识获取等关键方面。

在军事应用中，可以将"团组协整"的哲学和理论与实际战略需求相结合。例如，在规划一次联合作战行动时，可以邀请来自不同部队、不同专业背景的军官和士兵参与。通过团组协整的方法，这些参与者能够在一个平等、开放的平台上，共同讨论和制定行动计划。这不仅可以确保计划的全面性和可行性，还能增强各部队之间的协同作战能力。

在方法论层面，"团组协整"通过五个阶段的流程设计，确保了决策过程的规范性和高效性。在军事应用中，可以根据实际需求对流程进行调整和优化。例如，在议程制定阶段，可以结合军事形势和任务需求，确定关键议题和讨论重点；在话题竞拍阶段，可以利用军事仿真模型或战争游戏等方式，增强参与者的代入感和讨论热情；在结果决议阶段，可以利用军事专家的知识和经验，对讨论成果进行评估和完善。

对于军事管理人员来说，"团组协整"方法的价值主要体现在以下几个

方面。①它提供了一种民主、系统的决策方法，有助于增强决策的科学性和公平性；②通过活跃的对话和多元化的观点整合，团组协整能够帮助参与者达成更全面、更可行的协议；③团组协整还能提升参与者的理解能力和学习能力，为未来的军事行动储备人才和经验。

　　总之，"团组协整"方法在军事领域具有广阔的应用前景和重要的实践价值。通过结合军事案例和实际需求，可以进一步挖掘和发展这种方法在军事战略规划、创新管理和知识获取等方面的潜力。

第五章

漫谈系统方法

系统方法为系统思维提供行动的具体方法手段，按解决问题所需要的模型方法，可将系统方法分为认识（分析）方法、评价方法、预测方法、优化方法、决策方法和计划方法等。下面从系统思维的角度出发，对上述各类方法在运用中需注意的问题进行分别阐述，以便形成对系统方法的正确认识，提高解决系统问题的质量和效益。

第一节　怎么认识

一、认识功能

（一）从内生动力角度

系统的功能发展，可以由内生动力产生。系统内部各要素之间的相互

作用和影响，可以表现出系统内部的潜力、需求和创新冲动，以及对于实现一定目标的内在渴望。在军事领域，内生动力表现为军队内部对于提高战斗力、应对安全威胁和实现战略目标的自发需求。这种需求推动军队不断进行改革、创新和发展，以适应不断变化的战场环境和安全形势。

（1）坦克的发明。第一次世界大战时期，面对战壕与机枪交织的防线，军队急需一种既能冲锋陷阵又能提供火力掩护的新型武器，这种内部需求催生了坦克的诞生，坦克结合了装甲、火炮和机动性，彻底改变了战场格局。

（2）无人机在军事领域的应用。随着航空技术、导航技术和传感器技术的发展，无人机逐渐成为一种新型的空中侦察、打击和作战平台，无人机的出现不仅提高了作战效率和安全性，还拓展了军事行动的范围和手段，成为现代战争中不可或缺的一部分。

（3）网络战的发展。随着信息技术的迅猛发展，网络战和网络防御成为现代军事竞争的重要领域，各国军队纷纷加强网络安全和信息化建设，提高网络攻防能力。这种发展源于军事内部对网络技术和信息安全的需求和创新动力，推动了军事技术的进步和作战方式的变革。

功能之所以来源于内生动力，是因为系统内部存在对更高效、更强大功能的持续追求。这种追求促使人们不断创新，优化现有结构，以满足日益复杂的需求。随着科技的进步和战争形态的变化，军队对于新型武器装备、信息化技术和智能化战争手段的需求日益迫切，这种需求就是内生动力的体现。

（二）从环境需求角度

功能升级主要来源于环境需求的变化，这种变化促使系统或产品不断适应新的要求和挑战。在军事领域，环境需求的变化可能来自战场环境的演变、敌方技术的进步或战略目标的调整等。

（1）潜艇的发展。在第一次世界大战期间，由于需要突破敌方的海上封锁进行隐蔽的攻击，潜艇的设计和进化在很大程度上响应了战争环境和战略需求的变化，催生了声纳技术和反潜战理论，潜艇的隐蔽性、速度和武器系统不断改进，潜艇得到了广泛的使用和发展。

（2）夜视设备的创新。在军事行动中，夜间作战往往具有特殊的重要性和挑战性。为了适应这种环境要求，军队不断推动夜视设备的研发和创新，从最早的夜视望远镜到现代的夜视仪和热成像设备，这些技术的发展极大地增强了军队在夜间和低光照条件下的作战能力。

（3）防空系统的演进。面对不断变化的空中威胁，如敌方飞机、导弹和无人机等，各国军队都在不断升级和改进其防空系统，包括更先进的雷达系统、导弹拦截技术和作战指挥控制系统等，进一步提高防空系统的探测范围、反应速度和拦截能力，不断满足现代战争对空中安全的需求。

（4）极地作战装备的研发。随着北极和南极地区战略重要性的提升，极地作战装备的研发也成为军事领域的一个新焦点，催生了特殊的防寒服装、雪地车辆和冰上机场等设施的研发，进一步适应极地极端寒冷、冰雪覆盖和通信困难等特殊环境要求，很大程度上满足了极地环境中军事行动的需求。

可见，军事功能和技术的创新往往是对外部环境要求和战略挑战的回应。通过适应和满足这些要求，军队能够提高其作战效能和适应能力，以应对不断变化的战场环境。

二、认识环境：榆树抵御匈奴的环境改造

在古代，我国北方边境常受匈奴侵扰。为了增强防御，除了修筑长城，秦汉时期在边境地区广泛种植榆树，起到了良好效果。

首先，榆树具有示警作用。由于匈奴的骑兵居多，他们在穿越榆树林时势必会与榆树发生碰撞，还会产生一阵阵较大的风浪，从而导致榆树上的榆钱纷纷飘落。这种明显的现象可以被远方的卫兵及时发现，从而提前做出防御准备，抵御匈奴的攻城和入侵。榆树的茂密枝干在紧急情况下可以被点燃，形成一棵棵烽火树，起着远距离传递信号及敌情的作用。这种效果与狼烟有异曲同工之妙，有助于及时发现敌情并传递信息。

其次，榆树生长迅速，枝繁叶茂，很快就形成了一道难以穿越的绿色屏障。这道屏障不仅可供守军隐蔽，还减缓了匈奴骑兵的进攻速度。榆树适应性强，耐寒、耐旱、耐贫瘠，因此在我国北方边境地区生长良好，它的快速生长和茂密枝叶还有助于防风固沙，改善生态环境。

最后，匈奴的马匹不喜好食用榆树，因此栽种榆树相当于断了一半匈奴人的粮道，使得匈奴人的粮草问题一直很严重。这样，匈奴人只能在边境地区小打小闹，而无法大规模入侵中原内地，从而保障了国家核心经济带的安全。

种植榆树通过示警作用、烽火传递信息以及断匈奴粮道等方式，有效地影响了匈奴的进攻和入侵。这种利用自然环境的军事策略体现了古人对环境的深刻理解和巧妙运用。

系统和环境之间存在密切的关系，二者相互影响、相互依存。一方面，系统的环境是系统存在和发展的基础和前提，任何一个系统都是在一定的环境下存在和发展变化的，环境的变化也会对系统产生深远的影响，可能导致系统的重组和解体。另一方面，通过系统对环境的反作用，积极改造环境，使环境向着有利于系统发展的情况发展。通过了解系统与环境之间的相互作用机制，制定合理的改造策略并付诸实践，创造新的发展机遇。

三、认识战略：结硬寨、打呆仗的以拙胜巧

"结硬寨、打呆仗"是晚清名臣曾国藩在镇压太平天国运动时所采用的一种军事策略。结硬寨指湘军到达一个地方后，立即安营扎寨，构建坚固的防御工事；打呆仗指湘军在扎营后，并不急于进攻，而是通过围困敌人，切断其粮道和补给，等待敌人弹尽粮绝，从而取得胜利。曾国藩"结硬寨、打呆仗"的战术十分笨拙，湘军每日行军仅 30 里，耗时 4 小时扎营，围绕

营地挖掘两道深沟（外沟宽 2 米、深 3 米，内沟减半），并修筑高墙形成防御工事，夜间分三班轮岗值守，以确保营盘固若金汤。这种战术将大量精力投入防御而非进攻，表面上看是"以静制动"的被动应对，甚至被讥为"浪掷时间"。

但从战略维度看，湘军采取"挖沟围城+围城打援"策略，又符合《孙子兵法》"先为不可胜，以待敌之可胜"的核心思想，即先通过防御工事确保自身不败，再等待敌方因资源枯竭而崩溃。表面看似笨拙的战术服务于更高明的战略目标——以空间换时间，将战争转化为资源消耗战。在此，太平军的"敌进我退"的游击战术，却因湘军的步步为营丧失机动空间，最终被拖入被动防御的泥潭，凸显战略布局对战术执行的决定性作用。

分析问题可以从战略和战术两个层次出发进行考虑。战略通常指长期、全局性的规划和决策，关乎战争的目的和整体布局；而战术则是短期、具体执行层面的策略，关注如何有效利用现有资源和力量来达成战略目标。战略和战术相互依存，战略为战术提供方向和目标，战术则是实现战略的手段和方法。在中印边境自卫反击战中，中国的战略决策影响了战术选择，而战术的成功实施又支撑了战略目标的实现。

理解战略和战术的关系对军事决策至关重要。在制定军事策略时，应明确战略目标，并据此设计相应的战术手段。同时，要根据战场形势灵活调整战术，确保战术行动与战略目标保持一致。在未来的军事冲突中，应继续重视战略与战术的协调配合，以实现国家的政治和军事目标。

四、认识结构：信息支援部队成立

结构是指系统内子系统的划分和子系统的功能分配。一个系统，通过调整自身的结构，可以有效提升系统功能。

2024 年 4 月 20 日，中国人民解放军宣布组建信息支援部队，未来将形成中央军委领导指挥下的陆军、海军、空军、火箭军等军种，军事航天部队、网络空间部队、信息支援部队、联勤保障部队等新型军兵种结构布局。国防部新闻发言人吴谦表示，推进网络空间部队建设，对筑牢国家网络边防、及时发现和抵御网络入侵、捍卫国家网络主权和信息安全具有重要意义。同时，太空是人类共同的财富，推进军事航天部队建设，对提高安全进出和开放利用太空能力、增强太空危机管控和综合治理效能、更好和平利用太空具有重要意义。

从系统思维的角度看，信息支援部队的建立是中国人民解放军在军事组织结构上的一次重要创新，它体现了对现代战争形态深刻变化的敏锐洞察和积极适应。信息支援部队将与其他军兵种紧密协同，形成全面、多维度的战斗力，以应对日益复杂的信息化战争挑战。网络空间部队和军事航天部队建设，不仅关乎国家安全和主权，也是提升信息化作战能力的关键一环。与此同时，在全球范围内，各大国也在网络和太空领域展开激烈竞争。

美国作为全球唯一的超级大国，在网络空间和太空领域具有显著优势，其网络和太空军事力量的建设走在世界前列，拥有专门的网络司令部和太空司令部，太空军更是作为一个独立军种存在。俄罗斯则凭借丰富的经验，在网络和太空军事领域仍然保持着不可忽视的实力。其他国家如英国、法国，以及中国周边的日本、韩国等也在积极加强网络和太空部队的建设。

信息支援部队的建立具有诸多作用。一是可以有效提升部队信息化作战能力。以网络信息为载体，建设军队的信息化作战系统，并提供情报信息服务，大大提升中国军队的信息化作战能力，使其能够更好地应对现代

信息化战争的挑战。二是强化国家战略信息安全。随着信息技术的飞速发展，网络信息安全已经成为国家安全的重要组成部分，信息支援部队的建立，将有助于加强国家战略信息的安全防护，确保国家信息安全不受侵犯。三是加快军队信息化建设进程。通过加强信息化建设，中国军队能够更好地适应现代战争的需求，提高作战效率和胜率。

五、认识执行

（一）孟良崮战役中的"抗命"

1947 年 5 月 16 日，华东野战军 4 纵 10 师 28 团的第 2 营奉上级命令，参加进攻孟良崮的战斗。在行进途中，该营突然被 1 纵 1 师师长廖政国拦住，廖政国命令该营立即增援天马山。营长是否听从 1 纵廖师长的命令，同时违抗本来 4 纵赋予的进攻孟良崮的命令呢？

孟良崮战役中，华东野战军最主要的任务是消灭被我军合围的张灵甫整编 74 师，但消灭整编 74 师的前提是挡住国民党军队过来解围的外围援军。1 纵 1 师负责固守天马山、蛤蟆崮一线，阻击国民党整编 25 师黄百韬部队。我 1 纵 1 师有 3 个团，其中一个团是主力团，另外两个团是战斗力相对较弱的地方部队。黄百韬的部队虽然是杂牌军，但在蒋介石撤番号的威胁下也拼命打到了天马山半山腰。一旦天马山失守，整编 25 师就打通了与整编 74 师的联系，我军围歼整编 74 师的计划就会落空，反而使自己陷入极大的被动。此时，廖政国手里仅剩一个连的兵力，需要面对黄百韬两个营的进攻，我军的防线马上就要被突破。就在这一紧急时刻，廖政国发现了

146

4 纵 10 师 28 团的第 2 营正在机动，急忙对 4 纵的营长说："我是 1 纵 1 师师长，我命令你们立即增援天马山。" 4 纵的营长很意外，但是在听完廖政国的说明后，稍做权衡，便讲了这样一句话："首长，为了整体的利益，我们执行你的命令。"说完就率领这个营杀了回去。这个营的突然出现，改变了整个阵地的态势，黄百韬进攻的部队当时就垮了下去。自此我军牢牢地控制了天马山，一直到战役结束。这个营后来被认为是决定孟良崮战役结局的一个营。

谈到执行，很多人会把军队的执行看成是无条件的执行，也就是所谓的"没有任何借口"，或者"保证完成任务"，这实际上是对军队执行的最大误读。军人当然要坚决执行上级的命令，但战争是充满不确定性的领域。在这样一种充满不确定性的环境中，坚决执行从来都不应该是机械执行，无条件服从的下属也从来都不是最好的下属。所以，下属不应当简单机械地执行上级的指示，而是从全局的高度，根据所处的环境，去创造性地执

行。他可能未必事事顺着上级，可能他的执行会违背上级的具体指示，但是他的所作所为，是为了更好地帮助组织取得胜利，就像孟良崮战役中的2营营长那样。这样的执行，才更符合组织的利益，才更有利于达成上级期待的目标。这种执行，才是真正好的执行。

（二）滑铁卢之战中的"绝对服从"

在 1815 年 6 月 17 日这个决定性的日子，拿破仑向格鲁希元帅发出了一道重要命令。这一天，是滑铁卢战役爆发的前夕。拿破仑的目标明确：追击行踪飘忽的普鲁士军队，以阻断他们可能与威灵顿公爵麾下的英军汇合，从而在滑铁卢一役中确保歼灭英军。为此，拿破仑赋予了格鲁希元帅33000 名精兵，占法军主力的三分之一。格鲁希奉命追击，却始终未能捕捉到普军的影子。

6 月 18 日的清晨，格鲁希正在享用早餐，突然，远方的炮声打破了宁静。所有人都立刻意识到，皇帝已经发起了攻击，一场关键的战役正在打响。

格鲁希的副司令热拉尔焦急地建议，应立即向炮声的方向进发。另一位军官也赞同这一观点，认为应迅速调整方向，前往主战场。然而，格鲁希却显得犹豫不决，他坚持认为，在皇帝明确撤回命令之前，他不能擅自改变任务。热拉尔不甘心地请求，至少让自己带领部分兵力和骑兵前往战场支援。格鲁希在短暂的思考后——那一秒钟，后来被历史学家称为改变世界历史的一秒钟，他拒绝了热拉尔的请求，理由是分散兵力是不负责任的行为，他们的首要任务是追击普军。

军官们无言以对，部队继续前行，但普军的身影始终没有出现。远方的炮声隆隆作响，震撼着大地，每个人都意识到这并非一场小规模的交锋，而是一场关乎命运的大决战。格鲁希的内心也越来越不安，他期待着皇帝撤回命令的消息，但命令始终没有到来。此刻，他们离滑铁卢战场仅有4小时的路程。

最终，普鲁士军队赶到了滑铁卢，增援了威灵顿公爵，从而赢得了这场战役。历史学家们后来感叹，如果格鲁希能够先一步抵达战场，拿破仑或许能够扭转滑铁卢战役的局势，而若拿破仑赢得了这场战役，他有可能重新掌控整个欧洲。然而，这一切都只能停留在假设之中。

格鲁希的案例揭示了机械执行上级命令的弊端。他只是盲目地、毫无异议地执行了拿破仑的命令，却未能根据战场形势作出灵活调整。这种执行方式不仅机械呆板，而且缺乏担当和判断力。在战争史上，下属对上级命令的机械执行往往导致被动和失败。毛泽东曾尖锐地指出："盲目地表面上完全无异议地执行上级的指示，这不是真正在执行上级的指示，这是反对上级指示或者对上级指示怠工的最妙方法。"格鲁希的教训提醒我们，在执行中需要结合实际情况，灵活应对，才能取得真正的成功。

（三）宫玉振教授的三条建议

关于执行力的提升，宫玉振教授在《铁马秋风集》中给出了三条精辟的建议，这些建议不仅在军事上有着深刻的体现，同样也适用于现代组织管理。

宫教授提到，实现上级的意图比单纯执行命令更为重要。在变幻莫测的战场环境中，命令往往难以覆盖所有情况，因此，下属需要通过理解上级的意图来灵活应对。这就像是在第二次世界大战中，德国将领隆美尔在非洲战场上经常根据实际情况调整战术，而不是死板地遵循命令，从而赢

得了"沙漠之狐"的美誉。他的行为充分展现了理解上级意图并灵活执行的重要性。

下属在思考任务时，应从全局出发，同时积极向上级提出建设性意见。在解放战争时期，粟裕将军就曾根据战局变化，向中央提出了在长江以北集中兵力歼敌的建议，这一建议最终被采纳，并形成了淮海战役的决议。这一案例充分说明了下属从全局思考并提出建议的重要性。

宫教授强调，在上下级出现分歧时，下属应坚决执行上级的决定。这种执行力在军事历史上有着无数生动的例证。如拿破仑的军队之所以能够所向披靡，很大程度上得益于其部下的强大执行力。即使在某些情况下，部下对拿破仑的战术有所质疑，他们也会毫不犹豫地执行命令，因为他们深知执行的重要性。

综上所述，宫玉振教授的三条建议——理解上级意图、从全局思考并提出建议、坚决执行上级决定，对于提升执行力具有重要的指导意义。这些建议不仅在军事上得到验证，同样也能为现代组织的管理提供有益的启示。

六、两全思想：全系统全寿命装备维修管理思想

全系统全寿命装备维修管理思想是一种综合性的管理思想，旨在确保装备在整个寿命周期内都能得到全面、有效的维修保障，从而保持其良好的技术状态和作战能力。

该思想强调从装备论证研制开始，就统筹规划维修保障资源和维修保障方案，确保装备在列装部队后能够得到及时、有效的维修保障。同时，

该思想还注重在装备使用过程中进行维修保障，通过定期检查、保养、维修等方式，及时发现并解决问题，确保装备始终处于良好状态。

在全系统全寿命装备维修管理思想中，还强调了对维修保障资源的合理配置和有效利用。通过对维修保障资源的统一规划和管理，可以确保资源得到充分利用，避免浪费和重复建设。同时，该思想还注重提高维修保障人员的素质和能力，通过培训和实践等方式，提高他们的专业技能和维修保障能力。

将全系统、全寿命（两全）思想写入装备条例是为了确保军事装备从设计、生产、部署、使用到退役的整个过程中，都能够得到科学、系统、全面的管理和保障。这样的条例有助于提升装备的性能，以及可靠性、安全性和经济性，从而满足军事需求，并最大限度地延长装备的使用寿命。

在装备条例中，全系统思想强调装备管理要从整体出发，考虑装备的各个组成部分和系统之间的相互关系，确保装备系统的整体性能和效能。这要求在设计阶段就充分考虑装备的可维修性、可保障性和可升级性，以便在后续的使用和维护过程中能够方便地进行维修、保养和升级。

七、定量思维

（一）定量化思维概述

定量化是一种在科学研究中广泛使用的方法，旨在通过数量化的方式来更精确地理解和描述研究对象。定量化过程中，将事物、现象或问题通

过明确的量化方式进行描述、测量或分析，使用具体的数字、数据或量化指标来表示某种属性、特征或关系，其目的是提供精确而客观的信息，以便进行比较、分析、预测或决策。通过定量化，主观的话语或观点可以被转化为客观的数字化表达，使研究或分析更具科学性和可操作性。

定量化方法通过数学和统计工具，可以对研究对象进行精确的测量、分析和预测。与定性方法相比，它能提供更具体、更准确的数值结果，有助于减少主观性和模糊性。

定量化的结果通常以数值形式呈现，这使得不同时间、不同地点或不同条件下的数据可以进行直接比较。这种可比性有助于识别趋势、差异和变化，为决策提供更全面的信息。

定量化方法在一定程度上减少了人为因素的干扰，因为它依赖于明确、可重复的测量和分析过程。这有助于确保研究的客观性和公正性，提高结果的可靠性。

定量化方法通常涉及大量数据的收集、整理和分析，需要系统的研究设计和实施。这种系统性有助于全面、深入地了解研究对象，揭示其内在规律和联系。

通过定量化方法，可以建立数学模型或统计模型来预测未来趋势或结果。这种预测能力对于政策制定、市场分析、风险评估等领域具有重要意义。

需要注意的是，定量化方法也有其局限性，如对数据质量、样本大小、模型假设等方面的依赖。因此，在实际应用中，应根据研究目的和具体情境选择合适的方法论，综合运用定性和定量方法以获得更全面、准确的认识。

（二）林彪从缴获数据中发现廖耀湘

林彪指挥打仗非常注重数据，在辽沈战役打响之后，林彪每天晚上都会要求各部进行汇报，对战报的要求也非常细致，如俘虏要分清军官和士兵，缴获的枪支要统计出机枪、长枪、短枪，击毁的和尚能使用的汽车要分出大小和类别。在听取战报汇报时，面对千篇一律的枯燥战报数据，他也十分认真。

一天晚上，值班参谋正读着一份战斗缴获报告，这份报告表面上听起来与其他战报没什么不同：剿灭了一些敌人，缴获了一些战利品，敌人余部逃走。但听着听着，林彪突然喊了一声"停"，眼中闪出光芒，坚定地判断出敌人的野战指挥所——廖耀湘藏身之地。他判断的依据就是越靠近指挥所，周围的兵力就会布置得越多。仅凭微弱的数字变化，林彪就意识到不一样的地方。最终廖耀湘被捕，廖耀湘兵团被全数歼灭，我军取得了辽沈战役的决定性胜利！

系统思想强调整体性和综合性，要求从全局和整体的角度去分析和解

决问题。而定量化思想则是通过数学、统计和其他量化手段来精确地描述和解析事物的性质和规律。在系统思想中，定量化方法常被用来对系统的各个组成部分进行量化评估，以便更准确地了解系统的状态和性能。

具体来说，在系统分析和设计过程中，定量化思想可以帮助我们建立数学模型来描述系统的行为和性能，通过数据收集和分析来验证模型的准确性，进而优化系统的设计和运行。这种定量化方法不仅可以提高系统设计的精确性和可靠性，还可以帮助我们更好地预测和控制系统未来的行为和性能。因此，可以说定量化思想是系统思想中不可或缺的一部分，它为我们提供了一种科学、严谨、精确的分析和解决问题的方法及思考角度。

（三）分清相关关系和决定关系

一名指挥官发现，每当气温下降，敌方活动频率也随之下降，由此认为气温是决定敌方活动的关键因素。然而，在进一步观察中发现，气温下降时往往是夜间，敌方是因为要避免夜战才减少活动的。这里，气温与敌方活动频率之间并非决定关系，而是相关关系。

相关关系指的是两个变量之间的某种关联性，但并不意味着一个变量决定另一个变量。决定关系则是一个变量的变化直接导致另一个变量的变化。

在上述案例中，气温与敌方活动之间的关联性是相关关系，因为气温并不是导致敌方活动减少的直接原因，真正的决定因素是夜间作战的不利条件。

在军事决策中，分清相关关系和决定关系至关重要。误将相关关系当作决定关系，可能导致错误的战术判断。因此，指挥官在决策时应深入分析数据，准确识别变量之间的真实关系，以制定更合理的战术策略。在此案例中，若误判气温为决定因素，可能会忽视夜间作战准备，从而陷入被动。正确的做法应是加强夜间侦察与防御，以应对敌方的实际战术选择。

第二节 怎么评价

一、分清评价目的：方案排序还是达标判断

排序评估与水平评估是两种不同的评估方法。排序评估主要关注将不同对象按照特定标准排列顺序，如战斗力排序、优先级排序等，而水平评估则更侧重于评估某一对象是否达到预定的标准或水平，如装备性能评估、人员素质评估等。当这两种评估方法被混淆时，可能导致无法达成有效评估的目的，甚至导致评价失效。

例如，某国军队计划通过一系列考核和模拟战斗来对这些战术单位进行排序评估，即按照它们的实际表现从强到弱进行排序，从而确定哪些单位更适合承担重要任务。然而，在实际执行过程中，评估人员错误地采用了水平评估方法。他们设定了一套标准，包括装备完好率、人员训练水平、战术执行能力等，并评估这些单位是否达到了预设的标准。

其结果是由于采用了水平评估方法，所有达到标准的单位都被视为具有相同的战斗力，而未能充分体现出它们之间的实际差异。一些原本具有较强战斗力但可能在某些细节上未达标的单位被低估，而一些战斗力较弱

但恰好满足评估标准的单位则被高估。这导致任务分配不合理，资源利用效率低下，最终影响了整个军事演习的效果。

这个案例说明了在军事评估中正确选择和使用评估方法的重要性。当需要对多个对象进行相对排序时，应该采用排序评估方法，而当需要判断某一对象是否达到特定标准时，则应该采用水平评估方法。

在武器系统研制和采购中同样也有类似情况。例如，在进行两种新型战斗机采购比较决策中，如果采用水平评价，每种战斗机的各项性能指标（如速度、机动性、武器载荷、隐身能力等）都被单独评估，并得出一个总体评价。而由于错误地采用排序评估，则可能出现过于关注某一性能指标（如隐身能力），而忽视其他同等重要性能指标的问题。这样的决策可能会在未来的作战中付出高昂的代价，因为实际作战中需要的是综合性能最优的战斗机，而不仅仅是某一方面的突出表现。

为了避免无法分清排序评估和水平评估的问题，决策者需要在评估时认清两种评估的特点，并采用合适的评估指标和评估模型，采用更加全面和客观的评价方法。同时，决策者还应该保持开放的心态，接受专家的建议和意见，以避免个人偏见和主观判断对决策结果产生不良影响。

二、注意评价效应：积极作用还是消极影响

评价经常发生，用处也很大，但在应用评价解决问题的过程中，也需要重视评价带来的负面影响。例如，某单位在日常管理中实施了一套严格的考核评价体系，旨在对官兵的表现进行量化和排名，以便进行奖惩和晋升。该考核评价体系包括了多个方面，如体能测试、射击成绩、战术理论

考试、日常纪律遵守等。官兵们每个月都要接受这些考核，并根据得分进行排名。这些考核结果不仅影响官兵的晋升和奖惩，还与其所在单位的整体评价挂钩。

这种评价树立了明确的评价导向，但也有一些负面的效应出现。一是官兵心理压力加大。由于考核频繁且结果直接与个人前途挂钩，许多官兵感到巨大的心理压力，为了取得好成绩，常常过度训练，甚至不惜采取不正当手段。这种压力不仅影响了官兵的身心健康，还可能导致部队内部的恶性竞争。二是重成绩、轻能力。在考核评价的驱使下，一些官兵过分追求高分，而忽视了实际能力的提升，有些人虽然在某些考核项目中表现出色，但在实际作战或执行任务时却表现平平，这种"高分低能"的现象对部队的战斗力构成了潜在威胁。三是考核标准僵化。由于考核标准过于统一和僵化，没有充分考虑不同岗位和职责的差异性，这导致一些特殊岗位或具有特殊技能的官兵在考核评价中处于不利地位，无法充分发挥其专长和潜力。四是影响团队合作。考核评价体系过于强调个人成绩，而忽视了团队合作的重要性，这就导致一些官兵过于关注自己的利益，而不愿意与他人分享经验和资源，这种自私自利的行为对部队的凝聚力和战斗力产生了消极影响。

可见，在日常军事管理中，如果考核评价制度设计不合理或实施不当，可能会带来一系列不良影响。为了避免这些问题，军队应该建立更加科学、合理和人性化的考核评价体系，注重官兵的全面发展和团队合作，以提升部队的整体战斗力和凝聚力。

三、不可公度问题：产生原因及处理方法

在评估中，由于不同指标间存在差异，就存在指标不可公度问题。

在战斗力评估中，不同兵种（如步兵、空军、海军）之间的战斗力很难直接进行比较，例如，在比较一个战斗机中队和一个坦克营的战斗力时，由于他们执行的任务、作战环境和作战效能完全不同，因此无法用统一的标准来衡量他们的战斗力。

在武器装备性能评估中同样存在指标不可公度问题，在比较不同类型武器（如导弹、火炮、战斗机）的性能时，武器在设计、用途、射程、精度、威力等方面存在显著差异，使直接比较变得困难。

在作战效能评估中，比较不同军事行动（如进攻、防御、情报收集）的效能时，由于行动的目标、规模、持续时间、参与力量等各不相同，很难用一个统一的标准来评估它们的效能。

在军事人员素质评估中，由于涉及多个方面（如体能、技能、战术素养、心理素质等），这些方面的评价标准可能存在模糊性和主观性，导致无法直接进行量化比较。

在战略与战术评估中，战略层面的决策（如国家安全政策、军事战略规划）与战术层面的行动（如单兵作战、小队战术）难以直接对比，战略评估通常关注长期影响和全局利益，而战术评估则更注重短期效果和具体执行情况。

不可公度问题的产生主要有以下几个原因：一是评价指标具有差异性，不同评价指标之间可能存在量纲、单位、性质等方面的差异，导致无法直接进行比较；二是评价标准具有模糊性，往往导致评价者无法准确地进行度量或比较，如人的综合素质涉及知识、能力、态度等多个方面，而其评价标准存在主观性和模糊性；三是评价对象具有复杂性，导致难以用单一的指标或标准进行评价，而多个因素之间可能存在相互影响和制约关系。

为了解决不可公度问题，可以采取以下几种方法。一是标准化处理。对于存在量纲或单位差异的评价指标，通过标准化处理消除差异，使其具有可比性。二是建立综合评价指标体系。针对评价对象的复杂性和多样性，通过建立综合评价指标体系，将多个相关指标组合起来进行评价，从而全面反映评价对象各方面的特征，避免单一指标的片面性。三是引入权重系数。对于不同重要程度的评价指标，通过引入权重系数进行加权处理，从而突出重要指标的作用，提高评价结果的准确性和可信度。四是使用模糊评价方法。即对存在模糊性或不确定性的评价标准或对象采用模糊评价方法进行处理。

四、权重确定主体：专家还是领导

评价权重是指在进行评价时，对不同评价因素或指标所赋予的相对重要性或影响力。简单来说，评价权重就是用来衡量各个评价因素在总体评价中所占的比重或分量。在评价过程中，不同的因素或指标可能对最终的评价结果产生不同程度的影响，因此需要根据实际情况为它们分配不同的权重。权重的大小通常反映了该因素在评价中的重要性和影响程度，权重越大，该因素对评价结果的影响就越大。如果权重分配不合理或存在主观偏见，那么评价结果可能会失真或产生误导。权重设置具有一定的主观性，对于主要确定权重的专家和领导，应该谁说了算呢？

权重的分配通常基于评价者对各个因素或指标相对重要性的认识和理解，不同的人具有不同的专业背景、不同的信息途径和不同的价值观，影响着权重的分配。在决定领导和专家的权重时，应该根据具体情况进行综

合考虑。

在决策方面，不同的决策领域对领导和专家的需求不同。在一些需要专业知识和技能的领域，专家的意见可能更加重要，因此他们的权重应该相应增加。而在一些需要管理能力和领导能力的领域，领导的意见可能更加关键，因此他们的权重应该更高。

在经验和知识方面，领导和专家在各自领域的经验和知识水平也是决定权重的重要因素。如果某位领导或专家在其领域拥有丰富的经验和深厚的知识，那么他们的意见可能更加有价值和可信度，因此应该给予更高的权重。

同时，权重分配也应该考虑到目标和任务的不同。如果目标是解决某个具体的技术问题，那么专家的意见可能更加重要；如果目标是推动某个项目的整体进展和管理，那么领导的意见可能更加关键。

团队文化和价值观也会对权重分配产生影响。在一些注重专业知识和技能的团队中，专家的意见可能更加受到重视；在一些注重团队合作和管理的团队中，领导的意见可能更加重要。

因此，在确定领导和专家的权重时，应该根据具体情况进行综合考虑，充分听取各方的意见和建议，并进行权衡和折中。最终的目标应该是达成一个既能够充分利用领导和专家的优势，又能够确保决策的科学性和合理性的权重分配方案。

五、权重确定依据：基于问题还是基于数据

权重在评价问题中是一个非常重要的概念，它代表了某个指标或因

素在整体评价中的相对重要性。在确定权重时，既要考虑评价问题的实际需求，也要充分利用数据所提供的信息。因此，权重既不是完全由评价问题说了算，也不是完全由数据说了算，而是需要综合考虑两者的因素。

在确定权重中，评价问题的实际需求是确定权重的重要依据，不同的评价问题有不同的侧重点和关注点，需要根据实际情况来确定各个指标或因素的权重。同时，数据所提供的信息也是确定权重的重要依据，通过对数据的分析和挖掘，可以发现各个指标或因素之间的相关性和影响程度，从而为确定权重提供有力的支持。

在军事排名评价中，评价权重与数据差异的相关性表现得尤为明显。以某次军事竞赛的评分系统为例，由于各参赛部队在装备、训练、人员素质等方面存在显著的数据差异，评委根据这些因素为各评价维度赋予了不同的权重。通过综合加权评分，数据差异大的方面在排名中得到了更多关注。这说明，在排名评价中，数据差异性通过权重影响了最终排名结果。因此，应该充分认识到评价权重与数据差异性的关联，在制定评价体系时合理设定权重，确保评价的客观公正性。同时，在军事竞赛和实战训练中，也要注重数据收集和分析，以便更准确地评估部队实力。

因此，在确定权重时，需要综合考虑评价问题的实际需求和数据所提供的信息，既要保证权重的合理性和科学性，也要保证权重的可操作性和实用性。同时，还需要根据实际情况进行不断的调整和优化，以确保权重能够更好地反映评价问题的实际情况和需求。

第三节　怎么预测

一、预测之因：内找规律和外推趋势

内找规律和外推趋势是预测中两种常用的方法，它们分别侧重于分析历史数据中的内在规律性和基于这些规律性推测未来趋势。

较为典型的内找规律方法包括四种。①时间序列分析。通过分析按时间顺序排列的数据点，揭示数据随时间变化的规律，通过识别数据中的季节性、周期性、趋势性和随机性成分，使用移动平均、指数平滑、自回归积分滑动平均模型（ARIMA）等技术捕捉规律。②模式识别。通过在历史数据中寻找重复出现的模式或结构，利用数据挖掘技术，如聚类分析、关联规则挖掘、序列模式挖掘等。③回归分析。通过分析因变量与一个或多个自变量之间的关系，建立回归模型来解释变量间的依赖关系，并预测因变量的未来值。④周期性分析。通过识别数据中的周期性波动，如经济周期、产品生命周期等，利用周期性规律来预测未来相同周期内的数据点。

较为典型的外推趋势方法包括五种。①趋势线分析。在图表上绘制数据点，并尝试拟合一条直线或曲线来代表数据的总体趋势，根据趋势线的斜率和截距来预测未来值。②指数平滑法。通过预测数据和实际数据之间进行加权平均，给予近期数据更高的权重，通过调整平滑系数来平衡对历史数据和近期数据的考虑。③生长曲线模型。对于表现出生长或饱和趋势的数据，可以使用生长曲线模型（如逻辑生长曲线、Gompertz 曲线等）来拟合数据并预测未来趋势。④时间序列分解。通过将时间序列数据分解为趋势、季节性和随机性成分，对趋势成分进行外推，以预测未来的总体方向。⑤机器学习方法。利用历史数据训练机器学习模型（如线性回归、决策树、神经网络等），学习数据中的内在规律和模式，用于预测未来的数据点。

在实际应用中，内找规律和外推趋势常常是相互结合的。例如，在使用时间序列分析时，可能会先识别出数据的季节性模式，然后通过趋势分析来预测未来几个周期内的数据点；同样，在使用机器学习方法时，模型通常会同时学习数据的内在规律性和趋势性，以提供更准确的预测。

二、预测之果：预测行为对预测结果的影响

在第二次世界大战期间，法国预测了德国入侵地域，并构建了防御德国的马奇诺防线（Maginot Line）。马奇诺防线得名于法国当时的陆军部长安德烈·马奇诺，是法国在东北边境地区构建的大型防御工事，其主体部分由钢筋混凝土建造而成，十分坚固。防线内部拥有各式大炮、壕沟、堡垒、厨房、发电站、医院、工厂等，四通八达，较大的工事中还有有轨电车通道。然而，尽管马奇诺防线被认为是坚不可摧的，但在1940年的战争中，德国军队仍然成功地绕过了防线，攻占了法国的大部分领土。

预测行为对身在预测对象系统中的人会产生影响，从而会导致预测对象系统实际行为和结果与预测结果之间出现偏差。

心理层面上，预测可能会给人带来希望、安慰或恐惧、焦虑等不同的情绪反应。如果预测结果是积极的，那么人们可能会感到鼓舞和振奋，增强自信心和行动力。相反，如果预测结果不尽如人意，那么人们可能会感到沮丧、失望或担忧，甚至产生恐慌和焦虑等负面情绪。这些情绪反应可能会影响人的心态和行为，从而对个人的生活和工作产生一定的影响。

决策层面上，预测可以为人们提供重要的参考信息，帮助人们做出更加明智和理性的决策。例如，在市场营销中，预测可以帮助企业了解市场趋势和消费者需求，从而制定出更加精准的市场营销策略。在金融投资领域，预测可以帮助投资者分析市场走势和评估投资风险，从而做出更加明智的投资决策。然而，预测结果并不总是准确的，因此人们需要在决策过程中综合考虑多种因素，谨慎对待预测结果，避免盲目跟从预测而做出错误的决策。

此外，预测还可能会对人的行为产生一定的影响。如果人们相信某个预测结果，那么他们可能会采取相应的行动来应对或利用这个预测结果。例如，如果预测显示某种商品的价格将会上涨，那么消费者可能会提前购买这种商品以避免价格上涨带来的损失。然而，如果预测结果不准确，那么这种行为可能会导致不必要的浪费或损失。

三、预测之难：军事系统复杂性

军事系统的复杂性导致了军事预测的困难性，主要表现在以下几个方面。

（1）涉及因素多，关联复杂。军事局势涉及多变因素，如政治、经济、文化、地理、科技以及国际关系等。这些因素之间相互影响、相互制约，使得军事预测变得异常复杂。例如，预测某国的军事行动时，需要考虑其国内政治稳定性、经济实力、科技水平、外交策略，以及可能的国际反应等多种因素。

（2）数据获取难，信息不足。军事预测需要依赖大量的数据和信息，包括军队规模、装备情况、战斗力评估、战略意图等。然而，这些数据往往难以获取或者存在误差，导致预测结果的不准确。此外，一些国家还可能故意隐瞒或误导信息，进一步增加了预测的难度。

（3）模型建立难，情况多变。军事预测需要建立在对历史数据的分析和建模基础之上，但历史数据并不能完全反映未来的情况。此外，军事领域的变化非常迅速和不确定，预测模型本身也可能存在缺陷或者偏差，导致预测结果的不准确。

（4）人为影响大，难以衡量。军事预测往往涉及人的判断和决策，而人的判断和决策往往受到各种因素的影响，如个人经验、情感倾向、利益关系等。这些因素可能导致预测结果的偏差。例如，在预测战争结果时，决策者的心理状态、战略眼光，以及指挥能力等都会对预测结果产生重要影响。

（5）保密程度高，验证困难。军事行动往往具有高度保密性，这使得获取相关信息变得非常困难。缺乏足够的信息和数据支持，预测的准确性自然会受到很大影响。

综上所述，军事预测的困难性主要源于军事局势的复杂性和不确定性、数据的质量和数量问题、预测模型的完善程度，以及人为因素的影响等多个方面。因此，在进行军事预测时需要谨慎分析各种因素，并采用科学的

方法和技术来提高预测的准确性和可靠性。

四、时间之变：美苏军备竞赛的灰犀牛

在冷战时期，苏联和美国进行了激烈的军备竞赛，双方都在大力发展核武器和常规武器。然而，在这个过程中，苏联忽视了一个重要的灰犀牛事件——军费开支的过度增长。苏联为了保持军事上的优势，不断增加军费开支，这导致了国内经济的严重失衡。最终，在20世纪90年代初，苏联解体，这个曾经的超级大国轰然倒塌。

"灰犀牛"是由美国学者米歇尔·渥克提出的一个概念，用来比喻大概率且影响巨大的潜在危机。这类危机事件一般不是随机突发的，而是在一系列警示信号和迹象之后出现，但由于人们的忽视或拖延，最终导致其发生并造成严重后果。灰犀牛体型笨重、反应迟缓，人们常常能看见它在远处，却毫不在意。一旦它狂奔而来，就会让人猝不及防，直接被扑倒在地。它并不神秘，却很危险。在爆发之前，其实已经有很多明显的迹象和警示，但人们却常常视而不见，或者缺乏有效的应对措施，直到变成无法控制的灾难。

渥克认为，人类总是有惰性和侥幸心理，而忽视了主动和及时的行动，从而导致了对风险的高估和无效应。因此，应对灰犀牛事件需要人们克服拖延和侥幸心理，承认危机的存在并定义灰犀牛风险的性质，同时站在顺风处，眼睛紧紧盯住远方，及时意识到问题的存在，准确预测看似遥远的风险，摒除犹疑心态，并采取有效的措施来应对，就可以避免灰犀牛事件的发生。

在军事领域，要防范灰犀牛事件，必须增强风险意识，全面评估军事建设与国家经济、社会发展的关系。同时，要建立健全风险预警和防范机制，及时发现并应对潜在威胁。对于已经发生的灰犀牛事件，要积极采取措施进行应对和补救，以降低损失和风险。

五、事务之变：驻韩美军士兵特拉维斯·金黑天鹅事件

黑天鹅事件是一个在多个领域中都有的概念，指的是那些难以预测且不寻常的事件。这类事件通常会引起市场的负面连锁反应，甚至可能颠覆整个系统。黑天鹅事件具有意外性，会产生重大影响，并且在事后，人们总是会试图为它的发生找到各种理由，尽管这些理由在事前是无法预测的。

黑天鹅事件存在于各个领域，包括自然、经济、政治等。在经济领域，如互联网泡沫的破灭和 1997 年的亚洲金融危机，都是典型的黑天鹅事件。

在政治和军事领域，如9·11事件也可以视为黑天鹅事件，因为它同样具有意外性和巨大的影响。

一名美国驻韩国士兵特拉维斯·金因违反军纪即将被遣返回国，却突然逃离军营，并混入一个前往三八线旅游的观光团，直接穿越三八线进入朝鲜境内，该事件出乎意料，一旦处理不好，就会造成严重后果：①可能导致美朝相互指责、关系进一步紧张；②可能导致驻韩美军士气低落并进一步导致国际社会对美军纪的质疑；③可能导致美军士兵管理和心理健康问题的扩散；④可能导致朝鲜加强边境管控、发表强硬声明；⑤可能导致地区局势紧张甚至引发冲突等。

黑天鹅事件虽然属于偶然事件，但如果处理不好，就可能导致系统性风险，产生严重后果。因此，对于各个领域的决策者来说，了解并认识到黑天鹅事件的可能性，制定应对策略，都是非常重要的。

针对黑天鹅事件，可以通过信息收集与分析，实时监测和分析相关信息以便及时发现潜在的风险；可以通过制定风险管理策略，建立灵活快速的决策机制，通过培训、演练等方式培养危机意识，提高系统应对黑天鹅事件的能力；可以在资源配置上保持一定的冗余度，提高对黑天鹅事件的认知和应对能力。

六、数据之变：数据驱动模型中的过度拟合现象

无论是预测模型还是其他模型，很多是基于现有数据建立的。基于数据驱动的模型中，往往会出现过度拟合现象，而过度拟合可能导致战略和战术问题的分析决策失误。

特斯拉汽车的目标识别系统在其自动驾驶技术中起着至关重要的作用，它负责检测和识别道路上的各种物体，如车辆、行人、交通信号等。然而，近年来特斯拉汽车在涉及目标识别的自动驾驶事故中频频出现问题，引发了人们对该系统可靠性的质疑。特斯拉汽车的目标识别能力主要是依赖训练数据，而在训练的算法中，由于训练数据不够多样或存在偏差，就难以准确识别未在训练集中充分表示的物体或场景。在过度拟合的情况下，目标识别系统也会受到环境因素的影响，在光线不足、恶劣天气或道路条件复杂的情况下，以及物体运动等情况下，目标识别性能就会受到较大影响。

为了解决过度拟合问题，可以采取正则化、早停法和集成学习等多种策略和方法。正则化是一种用于降低模型复杂度的技术，它通过在模型的损失函数中添加一个惩罚项来实现，可以采用训练模型使用更少的特征或更小的权重，使模型更简单、平滑，并减少过拟合的风险；早停法是一种简单有效的防止过拟合的策略，即在训练过程中，将数据集分成训练集和验证集，在训练集上进行训练，并在验证集上定期评估其性能；集成学习是一种通过结合多个模型的预测来提高整体预测性能的技术，通过平均或投票等方式结合它们的预测，得到一个更准确、更稳定的预测，其优势在于可通过结合多个在不同训练子集上训练的模型来减少单一模型对特定训练数据的依赖。

七、预测之解：机理不足数据补、数据不足机理补

很多军事问题都是不确定性问题，不确定性通常指某种情况出现的可能性无法确定，在统计学中表现为样本数据无法完全反映总体情况，只能

通过误差来衡量样本与总体之间的不确定性。在经济学中则表现为两个方面：一种与概率事件相联系，可以用随机变量的方差来刻画；另一种则认为不确定性没有稳定概率，无法用过去的频率预测未来。

在不确定性问题预测中，经常谈到"机理不足数据补，数据不足机理补"。这体现了预测方法的灵活性和应对策略的互补性。特别是在军事领域，这种互补性尤为重要，因为军事预测往往涉及国家安全和战略决策，对准确性和可靠性的要求极高。

（1）机理不足数据补。当对某个军事系统或战术的内在机理了解不够充分时，可以通过收集和分析大量实际数据来揭示其运行规律和特点。如在军事装备故障预测中，如果对新型武器装备的故障机理了解不足，可以通过收集该装备在各种环境和条件下的使用数据，分析其故障模式和频率，从而预测其未来的故障趋势。这种方法在军事大数据分析中尤为重要，可以帮助军方提前发现潜在的故障点，优化维护策略。

（2）数据不足机理补。在军事预测中，如果相关数据稀缺或难以获取，可以依靠对军事战略、战术和装备性能的深入理解来进行推断和预测。如在战场态势预测中，如果实时数据有限或传输受限，指挥官可以根据已知的敌我双方军事力量对比、地形地貌、天气条件等因素，结合军事理论和作战经验，对战场态势进行推断和预测。这种方法在历史上多次成功运用，如第二次世界大战中的某些战役，指挥官依靠对战场机理的深刻理解和少量情报，成功预测了敌方的行动意图。

在装备研发、作战计划制定、后勤保障等多个方面，都可以运用这种策略来提高预测的准确性和可靠性。特别是在信息化战争时代，数据和机理的互补运用将成为军事预测的重要手段之一。通过灵活运用数据和机理两种资源，可以在复杂多变的战场环境中做出更为准确和可靠的预测和决策。

第四节　怎么优化

一、优化目标选取：费用效益

明确并选择合适的优化目标是系统优化工作的关键，它将指导整个优化过程并帮助实现期望的系统改进。优化目标应该明确、具体，并且与系统的实际需求和期望结果紧密相关。常见的优化目标，可以从效益和费用两方面出发，简单地说，就是花小钱办大事。

效益方面的目标，主要包括系统性能、稳定性与可靠性、安全性、用户满意度、可扩展性和可维护性等。①系统性能是最常见的优化目标之一，通过提高系统的运行速度、降低响应时间、增加吞吐量等，可以提升用户体验和系统效率；②稳定性与可靠性，对于关键任务系统或需要长时间运行的系统，稳定性和可靠性是至关重要的，优化目标可以包括减少系统故障率、提高容错能力、增强恢复机制等；③安全性与隐私保护，对于涉及敏感数据或需要保护用户隐私的系统，安全性包括加强访问控制、加密通信、防止恶意攻击等；④用户满意度是评估系统成功与否的重要指标之一，优化目标可以是提高用户界面（UI）设计、简化操作流程、提供个性化功能等，以增加用户满意度和忠诚度；⑤可扩展性与可维护性，主要考虑到

系统的长期发展和维护需求，优化目标可以包括设计可扩展的架构、模块化组件、清晰的代码结构等，以方便未来功能扩展和系统维护，等等。

费用方面的目标，主要包括各种资源的利用情况和资源利用率等，主要是有效利用系统资源（如 CPU、内存、存储空间等）减少浪费并降低成本，优化目标可以是降低资源消耗、提高资源利用率或实现更高效的资源管理。

在实际选取优化目标时，需要综合考虑系统的特点、需求、约束条件和优先级。有时，不同的优化目标之间可能存在冲突，需要进行权衡和折中。此外，随着时间和环境的变化，优化目标也可能需要调整和更新。

二、系统优化思想：上兵伐谋

孙武的"上兵伐谋"思想强调了利用智谋和策略在战争中的重要性，这一思想不仅在军事领域具有深远影响，而且在日常生活和各个领域都有着广泛的应用。

在军事领域，通过智谋和策略来战胜敌人，可以避免直接的冲突和损失，达到"不战而屈人之兵"的效果。这种思想体现了以最小的代价取得最大胜利的原则，是军事指挥官追求的最优方案。

在日常生活中，人们也在不断地运用这种系统优化思想。无论是在学习、工作还是生活中，人们都希望通过最少的精力、最短的时间和最少的花费来达到最好的效果。例如，在学习中，通过制定合理的学习计划和策略，可以高效地掌握知识，提高学习成绩；在工作中，通过优化工作流程和资源配置，可以提高工作效率和质量；在生活中，通过科学合理的规划和管理，可以创造舒适惬意的生活环境。

此外，"上兵伐谋"思想还强调了对敌人意图的洞察和破解能力。这种能力不仅在军事上至关重要，在商业竞争、政治斗争等领域也有着广泛的应用。通过洞察和分析对手的策略和意图，可以制定出更加有效的应对策略，从而在竞争中占据优势。

总之，"上兵伐谋"思想体现了系统优化和智慧决策的重要性，这种思想不仅在军事领域具有指导意义，而且在各个领域都有着广泛的应用价值。

三、典型优化问题：军事应用

优化是军事领域的典型问题，尽管很多情况下军事具有一定的优先地

位，为了达成目标往往会刻意忽略一些资源问题，但在宏观和战略层面，军事优化又无处不在。典型军事领域优化问题举例如下。

（1）武器目标分配问题。在多个武器打击多个目标的作战场景中，该问题主要考虑如何最有效地分配武器系统到敌方目标上，以最大化总体战果或减少我方损失，这就需要考虑目标的威胁程度、武器的杀伤能力、射程、射击角度等多种因素。

（2）路径规划与优化问题。为军事车辆、飞机或无人机规划从起点到终点的最优路径，同时考虑地形障碍、敌方威胁、燃料消耗等因素，这就需要利用图论中的最短路径算法、A*搜寻算法、迪杰斯特拉（Dijkstra）算法或更复杂的动态路径规划方法。

（3）资源分配问题。主要考虑如何在不同部门、不同任务或不同作战单位之间合理分配有限的资源（如人员、物资、资金），这需要考虑多种约束条件，如运输能力、存储限制、时效性要求等。

（4）任务调度与优化问题。在多任务环境中，如何安排任务的执行顺序，以最小化完成时间、最大化任务效率或满足其他特定目标，主要考虑作战行动的协同、时间敏感目标的打击顺序等。

（5）部队部署优化问题。在战区内部署部队，以最有效地覆盖关键地域、保护重要资产或对抗敌方行动，需要考虑地理信息系统的使用、地形分析、敌情评估等。

（6）联勤保障优化问题。通过优化物资供应链，确保前线部队获得必要的补给，同时最小化运输风险和成本，主要考虑库存管理、运输路径优化、需求预测等。

解决优化问题通常需要综合运用数学建模、启发式算法、仿真模拟等方法，并且在实际应用中可能需要考虑实时性、鲁棒性和不确定性等因素。

四、运行优化改进（一）：金字塔型结构下的三大民主

中国人民解放军编制体制主要属于金字塔型结构，比如原来的"三三制"。金字塔型结构由于实行集中控制，容易做到系统诸层和所有组元职责分明，整个系统上下左右步调一致，易于发挥上层决策者个人的智慧，有可能实现整体优化，并可以吸收外部较大的不利冲击。与上述优点相伴，金字塔型结构也有明显缺陷。比如，最高层决策的失误必然会造成全局失误，信息传输不及时会导致反应迟钝，适应性、可靠性差，且当缺乏有效的监督制约时容易滋长官僚主义，甚至局部出现瘫痪、腐败。

为了充分发挥集中控制结构的优势同时避免其劣势，中国人民解放军在革命战争中实行了"三大民主"，即政治民主、经济民主、军事民主。政治民主，指官兵互敬互爱，同甘共苦，自觉服从整体利益，在军队内部建立自觉纪律，实行民主制度，进行民主教育，开展批评与自我批评；经济民主，指官兵平等，经济公开，废除封建剥削制度，实行合理负担的供给制，公平合理的累进税制和公买公卖制度；军事民主，指官兵在作战和训练中，发挥积极性和创造性，实行官教兵、兵教官、兵教兵的群众练兵方法，开展军事民主讨论，发扬勇敢战斗、不怕牺牲、不怕疲劳和连续作战的优良作风。通过实行"三大民主"，取得了良好的效果。

（1）政治民主确保了官兵在政治上的平等地位和民主关系，消除了人格上的贵贱之分，使广大官兵都能以全心全意为人民服务为唯一宗旨。这种平等和民主的氛围，提高了官兵的参与感和归属感，增强了部队的凝聚

力和向心力。

（2）经济民主保障了官兵的经济利益，实现了经济生活的公开和透明，废除了封建剥削制度，实行了公平合理的供给制和累进制，确保了官兵的经济权益。这种经济民主不仅提高了官兵的生活水平，也激发了他们的生产积极性和创造性。

（3）军事民主则在作战和训练中发挥了重要作用。通过实行官兵互教互学、评教评学，以及发动士兵群众共同研究战斗任务和攻克敌阵的方法，极大地提高了部队的战斗力。这种军事民主不仅增强了官兵的责任感和使命感，也使他们在战斗中更加勇敢、果断和灵活。

集中控制的运行改进方向是决策的民主化与科学化，解放军实行的"三大民主"就是决策民主化的有效体现。"三大民主"的实行有效地提高了部队的凝聚力和战斗力，使部队在革命战争中发挥了巨大的作用。这种民主制度不仅体现了人民群众是历史创造者的原理，也是党的群众路线在军队建设的具体体现。

五、运行优化改进（二）：网络型结构的盲目性克服

在网络型结构中，人们的行为是自主控制行为，各个主体根据自身情况、依据一定规则进行决策。由于个体自治与相互交往的互利，系统行动能较充分地反映全体（起码是大多数）成员的利益和意志，从而使人们的积极性、主动性得以充分发挥，系统具有自我发展的强大动力，每一个组元都可以根据自己所处环境和自身特点自由选择、调整和发展，发挥各自长处，重新实现子系统功能的优化，在自由选择的环境中形成的竞争有利

于促进人力、物力、财力等资源的合理流通、配置和有效利用，还能激发各子系统高效运转与自我发展的动力，组元间的主动协调使系统结构具有较大弹性，并使系统展现出活力。同时，网络型结构的明显缺点是子系统间联系松散，相互间缺乏约束力，子系统间的竞争有时产生内耗，当各子系统需求相差悬殊时，系统难以形成密切协调的有机整体，无法实现只有调动整体力量才能实现的功能。

在军事领域，自主控制行为的改进至关重要，尤其是在复杂的作战环境中。这种改进的主要防线在于克服各子系统（如不同的部队、战斗群或单个士兵）行为的盲目性，以防止采取可能危害其他子系统或整个系统整体利益的行动。这需要我们采取一系列战略措施。

（1）必须制定并共同遵循一套行为准则或规范。这就像在战场上，每个士兵都需要明确了解并遵守战术纪律和战场规则。只有这样，才能确保各个子系统在行动中保持协调一致，避免因为误解或误判而导致的冲突和损失。

（2）为各子系统提供及时、完整、全面且准确的系统状态及环境信息。这就像在作战中，需要通过情报侦察、战场监控等手段，实时掌握敌我双方的动态和战场环境的变化。这样，各子系统才能在充分了解情况的基础上做出明智的决策，避免因为信息不足或误判而导致的盲目行动。

（3）从系统整体发展的角度出发，为各子系统的决策者提供指导性意见，或利用政策进行引导。这就像在战争中，需要通过指挥官的统一调度和战略规划，确保各个子系统在行动上的协同和配合。同时，还需要通过政策手段，引导各子系统在追求自身利益的同时，也要考虑到系统整体的利益和发展。

综上所述，通过制定行为准则、提供全面信息，以及提供指导性意见和政策引导等措施，可以有效地改进自主控制行为，克服子系统行为的盲目性，防止采取危害其他子系统或系统整体利益的行动。这在军事领域尤为重要，因为只有在高度协同和有序的状态下，才能应对复杂多变的战场环境，取得最终的胜利。

六、系统活力激发：促进流通

在军事领域，系统的功能往往体现为对资源的优化配置和高效利用。以战场物流系统为例，其功能的发挥直接依赖于物资和人员的快速流动与精准输送。物资的转运速度、流动效率是决定战场物流系统功能的关键因素。想象一下，在紧张的战斗中，原材料、弹药、医疗用品等必须及时送达前线，以确保作战的顺利进行。任何库存的积压都可能意味着资源的浪费和战斗力的下降。过多的库存不仅占用宝贵的仓库空间，还会因长时间存储导致物资损坏或失效，更重要的是，这些物资无法及时发挥应有的战斗价值，造成时间上的巨大浪费。

同样，战场上的机器设备、车辆和武器等也需要高效协作，以达到最佳的使用效果。通过共用、协作、租用等方式，可以确保这些资源得到充分利用，避免重复建设和资源浪费。

资金在军事领域同样扮演着重要角色。资金的快速周转意味着更多的资源可以用于战场建设、装备更新和人员培训等方面。每一笔资金的高效利用，都可能转化为战斗力的倍增。

信息在现代战争中更是至关重要的资源。情报的收集、传递和利用对于决策和指挥至关重要。信息的流通必须迅速、准确，以便决策者能够做出正确的判断。同时，信息的共享性也意味着各种信息应该尽可能广泛地传播，以便各个部门和单位能够充分利用这些信息，发挥出最大的效益。

此外，人员的流动和协作也是提升系统功能的关键。在军事领域，人员的兼职、协作和岗位轮换不仅可以充分发挥其才能，还可以帮助人员在不同的岗位、环境中锻炼和成长。人员的流动不仅有助于个人能力的提升，也有助于整个组织适应不断变化的战场环境。

综上所述，无论是物资、资金、信息还是人员，都需要在系统中实现高效流动和优化配置，以确保军事系统功能的最大化。这不仅是提升战斗力的关键，也是现代战争胜利的保障。

第五节 怎么决策

一、神奇的直觉决策：诺曼底登陆

诺曼底登陆是盟军在第二次世界大战期间最大规模的一次攻势，旨在突破纳粹德国的防线，解放法国并最终击败德国。在登陆前的准备阶段，盟军最高指挥官艾森豪威尔面临一个关键的决策。当时，天气预报显示诺曼底地区将会有恶劣的天气出现，包括强风、大浪和低能见度。这样的天气对于登陆作战来说是极其不利的，因为它会严重影响舰船的航行、部队的登陆以及空中支援。军事顾问和气象专家都建议艾森豪威尔推迟登陆行

动，等待天气好转。然而，他却依靠直觉作出了一个相反的决策。他认为，恶劣的天气虽然会给登陆带来困难，但同样也会使德国守军放松警惕，因为他们很可能会认为盟军不会在这样的天气发动攻击。艾森豪威尔相信，利用这个意外的天气条件，盟军可以取得出其不意的优势。

事实证明，艾森豪威尔的直觉决策是正确的。在登陆日当天，恶劣的天气确实给盟军带来了很大的困难，但同时也使德国守军陷入了混乱。由于德国军队没有预料到盟军会在这样的天气发动攻击，他们的防御出现了严重的漏洞。最终，盟军成功地在诺曼底登陆，并开辟了第二战场，为最终战胜德国奠定了基础。

这个案例展示了直觉决策在军事领域中的应用。艾森豪威尔依靠他的直觉和对战场形势的深刻理解，作出了一个与常规思维相反的决策，并成功地利用了恶劣天气带来的机会。虽然这个决策在当时看起来充满了风险，但最终却取得了出乎意料的成功。

直觉决策是指一种潜意识的决策过程，它基于决策者的经验、知识、技能和直觉，而非经过深思熟虑或系统分析。这种决策方式通常发生在决策者面临复杂、不确定或时间紧迫的情况下，需要快速作出判断或选择。直觉决策的特点是快速、自发和主观。它依赖于决策者的直觉和第一感觉，而不是通过逻辑推理或数据分析来得出结论。因此，直觉决策可能存在一定的风险和不确定性，但有时候也能够带来意想不到的成功。

直觉决策的原理在于，人类的大脑在处理信息时会采用快捷方式，即启发式思维。这种思维方式可以帮助我们在短时间内作出决策，但也可能导致忽略一些重要信息或做出错误的判断。因此，在使用直觉决策时，需要决策者具备一定的经验和知识积累，以便在关键时刻做出正确的决策。为了提高直觉决策的准确性，决策者可以通过不断学习和实践来积累经验，提高自己的直觉能力。同时，也可以在决策过程中结合逻辑分析和数据分析等方法，以弥补直觉决策的不足。在面临重要决策时，还可以考虑请教专业人士或进行集体讨论，以降低决策风险。

二、理智的博弈决策：冷战时期的核威慑策略

博弈决策是指在具有竞争或对抗性质的行为中，参与各方为争取各自利益最大化而做出的策略选择。这种决策不仅依赖于自身的策略，还受到其他参与者策略的影响。在博弈决策中，每个参与者都需要预测对手可能的行动，并据此调整自己的策略以达到最优结果。

军事历史上著名的"古巴导弹军事危机"便是一场博弈决策的较量。

1959 年，美国在意大利和土耳其部署了中程弹道导弹——"雷神"导弹和"朱比特"导弹，苏联为了扳回一城，而在古巴部署导弹。1962 年，苏联在古巴部署导弹被美国发现，双方陷入紧张对峙。肯尼迪政府面临选择：要么发动战争，风险极高；要么通过外交手段解决，保持冷静克制。双方通过一系列秘密和公开的博弈，最终达成妥协：苏联撤走导弹，美国则承诺不入侵古巴。

这场危机虽然仅仅持续了 13 天，但美苏双方在核按钮旁徘徊，使人类空前地接近毁灭的边缘，世界处于千钧一发之际。迄今为止，古巴导弹军事危机仍被认为是人类存亡的最危险时刻，它险些酿成热核战争，时任美国总统约翰·肯尼迪与苏联部长会议主席尼基塔·谢尔盖耶维奇·赫鲁晓夫对此看法高度一致。

博弈决策的核心在于找到一种均衡状态，即所有参与者都无法通过改变策略而单方面提高自己的利益。这种均衡状态可能是纳什均衡，也可能是其他类型的均衡。在找到均衡状态后，参与者可以据此制定稳定的策略，以应对各种可能的情况。

博弈决策对于制定战略、规划行动，以及预测结果都具有重要意义。决策者通过认识决策的博弈特征，掌握博弈决策的方法和技巧，充分了解博弈的规则、对手的信息，以及自身的优势与劣势，才能准确判断对方意图和底线，做出明智的决策。

三、协调的纳什均衡：俾斯麦海的海空对抗

1943 年 2 月，第二次世界大战中的日本，在太平洋战区已处于明显的

劣势。为扭转战局，日军统帅山本五十六统率下的一支舰队策划了一次军事行动：由集结地——南太平洋新不列颠群岛的拉包尔出发，穿过俾斯麦海，开往新几内亚岛的莱城，支援困守在那里的日军。

山本五十六心中非常明白，在日本舰队穿过俾斯麦海 3 天的航程中，不可能躲开盟军的袭击，他要谋划的是尽可能减少损失。当盟军获悉此情报后，盟军统帅麦克阿瑟即命令麾下的美军太平洋战区空军司令肯尼将军组织空中打击，日美双方的指挥官及参谋人员都进行了冷静与全面的谋划。自然条件对于双方来说是已知的。基本情况是：从拉包尔到莱城的海上航线有南线和北线两条，通过时间均为 3 天。气象预报表明，未来 3 天中，北线阴雨，能见度差，南线则天气晴好，能见度佳。

面临的局势如下。

局势 1：盟军侦察机重点搜索北线，日本舰队也恰好走北线。由于气候恶劣，能见度低及轰炸机群在南线，因而盟军只能实施 2 天有效的轰炸。

局势 2：盟军侦察机重点搜索北线，而日本舰队走南线。由于发现晚，尽管盟军轰炸机群在南线，但有效轰炸也只有 2 天。

局势 3：盟军侦察机重点搜索南线，而日本舰队走北线。由于发现晚，盟军轰炸机群在南线，以及北线天气恶劣，故有效轰炸只能实施 1 天。

局势 4：盟军侦察机重点搜索南线，日本舰队也恰好走南线。此时，日军舰队被迅速发现，盟军轰炸机群所需航程很短，加之天气晴好，这将使盟军空军在 3 天中皆可实施有效轰炸。

局中人：美日双方决策者。

策略：美日双方各有两个策略，即南线、北线。

局中人 1（盟军）希望获得的支付（赢得轰炸天数）尽可能多，但同

时，他们也深知局中人2（日军）必然想方设法使自己的付出（被轰炸天数）尽可能少。

因此，盟军参谋部或肯尼将军在选择时，首先要考虑选择每个策略时至少能赢得多少，然后从中选取最有利的策略。具体来说：首先对支付矩阵的各行求极小（至少赢得），然后再对矩阵各行极小组成的集合中取极大（争取最佳），于是有 $\max\limits_{1\le i\le 2}\left\{\min\limits_{1\le j\le 2}a_{ij}\right\}=\max\{2,1\}=2$。对于日军参谋部或山本五十六而言，因居于被动地位，故首先考虑在对方每个策略中最多损失多少，在此前提下争取损失最小。具体来说：对同一支付矩阵的各列求极大（最多损失），然后再对矩阵各列极大组成的集合中取极小（争取最佳）。于是有 $\min\limits_{1\le j\le 2}\left\{\max\limits_{1\le i\le 2}a_{ij}\right\}=\min\{2,3\}=2$。上述求解思想可概括为："从最坏处着想，去争取最好的结果"。这是理性思考的表现。此例中，恰有 $\max\limits_{1\le i\le 2}\left\{\min\limits_{1\le j\le 2}a_{ij}\right\}=\min\limits_{1\le j\le 2}\left\{\max\limits_{1\le i\le 2}a_{ij}\right\}=2$。

这正是历史实际对局的结果，即局势1（北线，北线）成为事实。肯尼将军命令盟军侦察机重点搜索北线；而山本五十六命令日本舰队取道北线航行。盟军飞机在1天后发现日本舰队，基地在南线的盟军轰炸机群远程飞行，在恶劣天气中，实施了2天有效的轰炸，重创了日本舰队，但未能全歼。

四、有效的概率决策：盟军运输护航策略改进

在第二次世界大战期间的"大西洋战役"中，盟军和纳粹德国的潜艇部队进行了一场激烈的较量。盟军主要目的是保护大西洋上的运输线，而德国潜艇主要目的是运输船只以削弱盟军的战斗能力。

在这场战役中，盟军采用了概率决策的方法。他们通过分析德国潜艇的活动规律和攻击方式，计算出运输船只被击沉的概率，进而根据概率来制定护航策略，包括护航船只的数量、航行路线、航行速度等。通过不断地调整和优化护航策略，盟军成功地降低了运输船只被击沉的概率，保障了战争的胜利。

概率决策是指在不确定的条件下，决策者根据已知事件的概率分布，结合不同决策可能带来的结果及其效用，来选择最佳行动方案的过程。简言之，它是基于概率分析来指导决策制定的方法。通过概率决策，可以有效进行风险量化、优化决策方案，有效进行资源管理。

概率决策体现了概率思维，概率思维是一种重要的思维方式，它涉及对不确定性的理解和处理。掌握了概率思维，有助于我们更加深刻地理解随机性，并在思考问题过程中考虑到多种可能性，不但理解有多种后果的发生，还能考虑到后果发生的概率。这样就能更加有效地思考和利用历史数据和经验，从而做出更加有效的决策。可见，概率思维可以帮助我们更好地理解和应对不确定性，从而做出更明智的决策。通过培养概率思维，可以提高自己的决策能力和适应能力，更好地应对复杂多变的现实世界。

五、量化的风险决策：风险偏好传导法

风险偏好传导法是一种系统分析方法，旨在将决策者的风险偏好量化并传导到整个决策过程中，从而影响和指导决策行为。在军事系统工程中，这种方法尤为重要，因为它能够帮助指挥官在复杂多变的战场环境中做出符合风险承受能力的决策。风险偏好传导法的核心原理在于将决策者的风

险偏好通过一系列的数学模型和算法转化为具体的决策参数。这些参数随后被用于评估不同决策选项的风险和收益，从而选出最符合决策者风险承受能力的方案。在军事领域，这种方法通常涉及对战场情报的收集与分析、作战计划的制定与评估，以及作战行动的执行与监控等多个环节。通过在这些环节中嵌入风险偏好参数，可以确保整个军事行动始终在决策者的风险承受能力之内进行。

风险偏好传导法主要可用在作战计划制定、战场情报分析、军事装备研发等方面。①作战计划制定方面。在制定作战计划时，指挥官需要考虑敌我双方的实力对比、地形条件、天气状况等多种因素。风险偏好传导法可以帮助指挥官量化这些因素带来的风险，并根据自身的风险承受能力调整作战计划，以达到最佳的作战效果。②战场情报分析方面。在面对大量的战场情报时，风险偏好传导法可以帮助情报分析人员筛选出与决策者风险偏好相关的关键信息，从而提高情报分析的准确性和效率。③军事装备研发方面。在军事装备的研发过程中，风险偏好传导法可以用于评估不同设计方案的风险和收益，从而选出最符合决策者风险承受能力的方案进行进一步研发。

风险偏好传导法的应用优势主要体现在提高决策效率、降低决策风险、增强作战灵活性等方面。①提高决策效率方面，通过量化风险偏好，可以更快地筛选出符合决策者要求的决策选项，从而提高决策效率；②降低决策风险方面，将风险偏好传导到整个决策过程中，可以确保决策始终在决策者的风险承受能力之内进行，从而降低决策风险；③增强作战灵活性方面，通过动态调整风险偏好参数，可以实时应对战场环境的变化，增强作战的灵活性和适应性。

例如，比较军事行动中两个作战方案，方案 A 风险较高但成功后的收益较大，方案 B 风险较低但成功后的收益相对较小。在没有使用风险偏好传导法的情况下，指挥官可能难以抉择。然而，通过风险偏好传导法，指挥官可以将自身的风险偏好量化为具体的决策参数，并据此评估两个方案的风险和收益。如果指挥官属于风险厌恶型，那么方案 B 可能更符合其决策偏好；反之，如果指挥官属于风险追求型，则可能更倾向于选择方案 A。这样一来，指挥官的决策就更加清晰和有针对性了。

六、科学的决策体制：贝尔蒂埃的成功与失败

贝尔蒂埃于 1753 年出生于法国凡尔赛，从小便对军事产生浓厚的兴趣，并在父亲的关怀下接受军事教育。1766 年，年仅 13 岁的贝尔蒂埃成为地质工程师，1770 年，转入法国陆军，担任过总参谋部中尉、龙骑兵上尉、旺代省革命军的参谋长，1796 年晋升少将，担任拿破仑的总参谋长，参加了所有的意大利战役，1804 年被授予法兰西第一帝国元帅军衔。贝尔蒂埃位列法兰西 18 名元帅之首，他具有惊人的记忆力，执行任务坚决，与拿破仑配合默契。虽然如此优秀，但是在离开拿破仑领导的情况下，他却表现不出任何判断能力，缺乏独当一面的能力，最终被迫退役并失去了往日的荣耀，并于 1815 年 6 月 1 日在班贝格神秘地从窗户跌落而死，享年 62 岁。

在决策过程中，有两类不同的能力。一类是"谋"，主要涉及对决策进行咨询、建议、策划和辅助等方面，通常由各种专家、智囊团或辅助机构来承担这一角色；一类是"断"，主要涉及对决策方案进行最终的选择、拍板和决断等方面，这一职责通常由决策的中枢机构和领导者来承担。贝尔

蒂埃尽管个人素质相当过硬，也表现出了卓越的品质，但他的主要能力体现在"谋"，而在"断"的方面则差强人意。

在现代决策过程中，一个领导者不必强求像诸葛亮一样必须"多谋善断"，把"谋"与"断"分离出来，由不同职责人员进行分工与合作，是科学决策体制建立的核心。"谋"与"断"的分离有助于实现决策的科学化和民主化。通过将决策过程分解为不同的阶段和职责，可以充分发挥各方的专业优势和智慧，提高决策的质量和效率。同时，这种分离也有助于防止权力过度集中和滥用，减少决策失误的风险。

在实际操作中，"谋"与"断"的完全分离可能并不容易实现。决策者往往需要同时具备一定的"谋"和"断"能力，以便在关键时刻做出正确的决策。此外，不同决策情境下"谋"与"断"的职责划分也可能存在差异，需要根据具体情况进行灵活调整。在决策过程中，既要重视"谋"与"断"的分离原则，充分发挥各方的专业优势，也要注重培养决策者的综合素质和能力，确保他们能够在复杂多变的决策环境中做出科学、合理的决策。

第六节　怎么计划

一、计划之重点：不同层次计划方案的关注点及基本内容

在军事领域，战略、战术和行动计划是三个核心层次，它们共同构成

了军事行动的框架和指导原则。

（1）战略方案。战略是军事行动的最高层次，它关注的是全局性、长期性和决定性的问题。战略方案通常涉及以下几个方面。①战略目标，明确战争或军事行动的目的，如领土防御、政权更迭、经济制裁等，是制定所有后续方案的基础；②战略环境分析，评估敌我双方的政治、经济、军事、地理等综合实力，以及国际环境、舆论支持等因素，才可以进一步明确战略优势和劣势；③战略选择，根据战略目标和环境分析，制定多种可能的战略方案，如全面战争、有限战争、外交施压等，每种方案都有其适用条件和预期效果；④战略部署，确定军事力量的配置和布局，包括兵力投送、后勤支援、战区划分等，主要是确保在关键时刻能够迅速集中优势兵力。

（2）战术方案。战术层次关注如何在具体的战斗或战役中运用军事力量，通常包括以下几个方面。①战术目标，明确具体的战斗任务，如攻占某个要点、消灭敌方有生力量等，应与战略目标保持一致；②战术分析，主要评估敌我双方在兵力、火力、机动性等方面的对比情况，以及地形、天气等战斗环境因素，为确定战术优势和劣势提供基础；③战术选择，根据战术目标和环境分析，制定多种可能的战术方案，如正面进攻、迂回包抄、防御反击等，并考虑每种方案的适用条件和风险；④战术实施，制定详细的战斗计划，包括兵力部署、火力配系、协同动作等，以确保各部队能够按照计划有序地展开战斗。

（3）行动计划。行动计划主要关注如何执行具体的军事任务，通常包括以下几个方面。①明确任务，将战术任务进一步细化为可执行的具体任务，如侦察敌情、破坏敌方设施、护送重要人物等；②分配资源，根据任

务需求，分配相应的兵力、装备、物资等资源，确保任务能够得到有效支持；③时间安排，制定任务的时间表和进度计划，包括出发时间、到达时间、行动时间等，确保任务能够按时完成；④协同配合，明确各部队、各部门之间的协同关系和配合要求，以确保任务能够顺利执行；⑤风险评估与应对，分析任务中可能遇到的风险和困难，制定相应的应对措施和预案，确保任务能够在遇到意外情况时及时调整和应对。

战略、战术和行动计划是军事行动中的三个核心层次，它们相互关联、相互影响。在制定军事方案时，需要从这三个层次进行全面考虑和规划，以确保军事行动能够取得预期的效果。

二、计划之流程：从确定目的到计划调整

编制一个计划，主要包括明确计划的目的，以及如何制定、执行和调整计划等关键步骤。

（1）明确计划的目的，包括确定目标、理解现状和设定愿景三部分。①确定目标，主要是明确想要实现的具体目标或结果，并将目标分解为可衡量的短期和长期子目标；②理解现状，即收集和分析相关信息，了解当前的资源、限制和机会，识别可能影响计划成功的内部和外部因素；③设定愿景，通过想象并描述成功完成计划后的理想状态，达成与团队成员共享愿景，确保大家对齐期望的目的。

（2）制定计划。①制定战略规划，选择实现目标的最佳路径或策略，确定需要采取的关键行动和决策点；②创建详细计划，制定时间表，为每项任务分配开始和结束日期，分配责任和资源，确保每项任务都有明确的

负责人，设定里程碑，用于监控计划的进展；③制定风险管理策略，识别潜在的风险和障碍，为每个风险制定应对策略和缓解措施；④获取反馈并调整，在计划最终确定前，与相关利益方讨论并获取反馈，根据反馈调整计划，确保其可行性和接受度。

（3）执行计划。①沟通计划，向所有相关人员传达计划内容和他们的责任，确保每个人都理解并承诺支持计划的执行；②启动计划，在预定的时间开始执行计划，监控资源分配和任务进度，确保按计划进行；③跟踪和报告进度，定期收集进度数据，与里程碑和目标进行比较，准备进度报告，与相关利益方分享信息。

（4）调整计划。①评估绩效，分析实际结果与预期目标之间的差异，识别计划执行过程中的问题和改进机会；②调整计划，根据绩效评估和反馈调整计划，更新时间表、资源和责任分配，以反映当前情况；③应对风险，监控已识别的风险，并在必要时实施应对策略，不断识别新的风险，并添加到风险管理计划中；④持续改进，在整个计划周期内持续寻求改进的机会，鼓励团队成员提出创新想法和解决方案。

通过以上步骤，就可以制定一个清晰、具体且可操作的计划，并有效地执行和调整，以应对变化，从而增加项目或任务成功的可能性。

三、计划之用途：枪声一响，再好的应对方案作废一半

陈赓说过："枪声一响，再好的应对方案作废一半。"这句话提醒我们要正确看待计划的作用，既要重视计划的制定和执行，又要保持灵活性和应变能力。只有这样，才能在复杂多变的环境中取得成功。

（1）尽管计划可以为我们提供指导和方向，但它并不是万能的。在实际执行过程中，可能会遇到各种预料之外的情况和变数，这些都可能导致计划无法完全按照预期实施。因此，不能过分依赖计划，而要保持灵活性和应变能力。

（2）计划是一个动态的过程，需要不断根据实际情况进行调整和优化。当遇到变化时，应该及时评估计划的可行性，并根据需要做出调整。这样，才能确保计划始终与实际情况保持一致，从而提高其有效性和成功率。

（3）计划具有灵活性。一个好的计划应该具有一定的弹性，能够应对各种可能的变化。在制定计划时，应该考虑到各种潜在的风险和挑战，并制定相应的应对策略。这样，当这些风险和挑战真的出现时，就能迅速做出反应，避免计划完全失效。

（4）要培养自己的应变能力，以便应对在执行计划过程中所能遇到的各种意想不到的情况。如果我们具备较强的应变能力，就能够迅速适应这些变化，并找到解决问题的方法。这样，不仅能够应对当前的挑战，还能够为未来可能出现的变化做好准备。

四、计划之成分：工序的划分

在计划和管理领域中，"工序"通常指的是生产过程中一个（或一组）工人在一个工作地对一个（或几个）劳动对象连续进行生产活动的综合。在军事行动中，工序构成了从计划到执行的完整行动链。

工序划分的目的包括四个方面。①明确责任和任务，通过划分工序，可以明确各级指挥员和部队的责任和任务，确保每个步骤都有专人负责；②优化资源配置，根据不同的工序需求，合理分配人力、物力、财力等资源；③提高行动效率，通过合理的工序划分，可以实现行动的并行和串行处理，从而提高整体行动效率；④便于指挥控制，明确的工序划分有助于指挥员更好地掌握行动进度，及时作出调整和决策。

工序划分中需要考虑的因素和原则包括四个部分。①不同的时间阶段可以划分为不同工序，如战前准备、战斗实施、战后总结等；②不同的资源利用可以划分为不同工序，可以考虑不同人员参与工作，或考虑到可用资源的数量和质量，合理划分工序；③不同的功能和职能可以划分为不同工序，如情报收集、分析、传递和使用，火力打击的侦察、决策、打击和评估等；④不同的环境条件和协同要求，包括地形、天气、敌情等，都会影响工序的划分和执行，不同部队和部门之间的协同需求也是划分工序时需要考虑的重要因素。

以一次典型的地面进攻行动为例，可以划分为六个工序。①情报侦察工序，包括敌情侦察、地形侦察等，为后续行动提供情报支持；②火力打击工序，根据情报侦察的结果，对敌方重要目标进行火力打击；③机动接近工序，部队机动至进攻出发阵地，做好进攻准备；④突破敌防御工序，通过火力突击和步兵冲击相结合的方式，突破敌方防御；⑤纵深攻击工序，在突破敌防御后，迅速向敌纵深发展进攻，消灭敌有生力量；⑥巩固扩大战果工序，在攻击行动取得初步成果后，巩固并扩大战果，确保行动的最终胜利。这些工序并不是孤立存在的，而是相互关联、相互支持的。指挥员需要根据实际情况灵活调整工序的划分和执行顺序，以确保行动的顺利进行。

五、计划之用途：神舟飞船中的网络计划技术

载人飞船工程作为中国载人航天工程第一步，是航天领域迄今为止规模最庞大、系统最复杂、关键技术最多、可靠性和安全性要求最高、极具风险性的一项国家重点系统工程，是航天领域中最具挑战性的工程项目，体现了国家的综合国力和整体科技水平。中国载人飞船工程由航天员、飞船应用、载人飞船、运载火箭、发射场、测控与通信、着陆场共 7 个系统组成，这 7 个系统涉及学科领域广泛、技术含量密集，全国 3000 多家单位、数以万计的工作人员参与了这一庞大而复杂的系统工程中各系统的研制、建设和试验，因此该系统充满了复杂性和不确定性。

神舟飞船作为中国航天史上的骄傲，其成功背后离不开网络计划技术的支持。在神舟飞船的建设过程中，网络计划技术被广泛应用。从项目立项到神舟七号载人飞行圆满成功的全过程，以研制阶段为主线，从方案论证与设计阶段、初样研制阶段、正样无人试验阶段到载人飞行阶段，每一环节都经过精心规划，确保资源、时间和成本的优化分配。通过构建详细的网络图，项目团队能够清晰地看到各项任务的逻辑关系，从而有效地进行进度控制和资源调配。

网络计划技术是一种基于网络图来规划、优化和控制项目进程的管理方法。它通过图形化表示任务的流程和依赖关系，帮助管理者直观地掌握项目全局。网络计划技术的核心原理在于利用网络图来揭示任务间的内在联系，确定关键路径，即影响项目总工期的任务序列。在神舟飞船项目中，这项技术帮助团队识别出哪些环节是项目的"瓶颈"，从而进行重点监控和资源倾斜。

从神舟飞船的案例中可以看到，网络计划技术对于复杂项目管理的重要性。为了更好地应用这项技术，需要不断提高项目管理人员的专业技能，加强团队之间的沟通与协作，确保网络图的准确性和实时性。同时，还应结合项目的实际情况，灵活运用网络计划技术，以达到项目管理的最佳效果。

六、计划之技术：网络计划技术的发展变化

网络计划技术自其发展之初就对计划制定和管理产生了深远的影响，从项目评估与审查技术（PERT）、关键路径法（CPM）、图形评审技术

（GERT）、风险评审技术（VERT），以及 Petri 网等网络计划技术的发展历程来看，网络计划技术对计划变化的影响随着时间的推移不断变化演进。

（1）PERT 与 CPM。在 20 世纪 50 年代和 60 年代，PERT 和 CPM 的引入标志着网络计划技术的开端。这些方法主要用于项目管理中，通过识别和跟踪关键路径上的任务来优化项目时间表。PERT 更多地关注任务的不确定性和时间估算，而 CPM 则更侧重于确定性的任务和时间。这两种技术使得计划者能够更准确地估算项目持续时间，并识别出可能影响项目完成的关键任务。这种影响使得计划从简单的线性安排转变为复杂的、相互关联的网络结构，大大提高了项目管理的效率。

（2）GERT。随着网络计划技术的发展，GERT 在 20 世纪 60 年代末被引入，它允许在计划中考虑循环和条件分支，使得计划模型更加灵活和现实。GERT 能够模拟项目中可能出现的不确定性、并行性，以及任务之间的相互依赖关系。这种技术的引入进一步增强了计划的动态性和适应性，计划者可以根据项目进展和条件变化来调整计划。

（3）VERT。VERT 是 GERT 的扩展，于 20 世纪 70 年代被提出，主要用于处理项目中的风险和不确定性。VERT 通过引入概率和统计方法来评估项目的潜在风险和收益，从而帮助计划者制定更加稳健和可靠的计划。这种技术的引入使得计划不再只是任务的简单安排，而是成为一个全面的风险管理工具。

（4）Petri 网。Petri 网在 20 世纪 60 年代由卡尔·A. 佩特里发明，并在随后的几十年中得到了广泛的应用和发展。Petri 网是一种数学建模工具，适用于描述和分析并发系统。在计划管理中，Petri 网能够模拟复杂的任务流程、资源分配和并行操作，为计划者提供一个强大的分析和优化工具。

Petri 网的引入进一步提高了计划的精确性和可视化程度，使得计划者能够更深入地理解和管理计划的各个方面。

随着时间的推移，网络计划技术的发展对计划的影响逐渐加深。PERT 和 CPM 的引入使计划者能够更准确地估算项目时间和识别关键任务；GERT 和 VERT 的引入增强了计划的灵活性和风险管理能力；Petri 网的引入为计划者提供了一个强大的数学分析工具，使计划管理达到了一个新的高度。

总之，网络计划技术的发展使计划从简单的任务安排转变为复杂的网络结构和全面的风险管理工具。这种影响不仅提高了计划的效率和效果，还使计划者能够更深入地理解和管理计划的各个方面。随着技术的不断进步和应用领域的扩展，可以期待网络计划技术将继续为计划管理带来更多的创新和价值。

七、计划之复杂：我国的航母战斗群建设

我国的航母战斗群建设，不仅是我国海军战略转型的标志性举措，更是提升远洋作战能力的必由之路。航母战斗群以航空母舰为整个编队的核心，辅以尖端护卫舰、驱逐舰、潜艇等多种舰艇，同时构建起完备的后勤保障体系。这样的配置将极大地增强海军的综合作战实力，尤其远海战区的控制力将得到显著提升。

航母的建造过程大致可分为下水前与下水后两大阶段。下水前阶段，通常以"切割首块钢板"为起点，涵盖分段构造、船体合拢、外层涂漆和基本部件装配等关键步骤。而航母的下水仪式，则象征着主船体建造工作的基本竣工。然而，从下水到正式服役，还需经历舾装、验收和试验试航

三个重要环节。舾装阶段主要是装备各种作战设施，包括弹射装置、关键电子设备、武器系统、作战指挥控制系统，以及船员生活必需品等。随后的试验试航阶段则涉及合同规定的性能测试、特殊性试验等，这一过程将持续到航母正式交付海军之后，通常还会有一些细节工作需要继续完善。

航母战斗群的构建则更为复杂，它包括舰艇的精心配置、舰载机与飞行员的选拔培训、后勤保障体系的建立，以及日常训练和演习的规划。在舰艇配置上，航母作为核心，周围环绕着性能卓越的防空驱逐舰、导弹驱逐舰和护卫舰等，形成一个强大的水面舰艇编队，同时水下还有潜艇进行警戒和攻击任务。舰载机方面，需要搭载多种类型的飞机和直升机，以应对制空、反潜和对地攻击等多重任务，这就要求选拔和培养一批卓越的飞行员，以确保舰载机的战斗效能得到充分发挥。后勤保障方面，必须建立一套完善的体系，包括油料、弹药、零部件的储备与运输，以及舰艇和舰载机的日常维修保养。此外，定期的海上训练和演习也是必不可少的，能有效提升舰艇之间的协同作战能力和应对紧急情况的能力。

在制定航母战斗群建设计划时，必须遵循几个关键原则：①系统性原则，要全面考虑航母战斗群中各个组成部分的相互关联和协调，以确保整个系统的效率达到最优；②前瞻性原则，要预见到未来战争形态和作战需求的可能变化，为未来的发展升级预留足够的空间；③灵活性原则，能够根据实际情况对计划进行及时的调整和优化，以应对复杂多变的海洋环境和作战任务。

在实施这一宏伟计划的过程中，需要通过强化项目管理来确保各项任务能够按计划推进；通过技术创新和研发来提升舰艇和舰载机的性能；通过大力培养和引进人才来打造一支高素质的海军队伍；同时，通过与友军和盟友的深入交流合作，共同应对海上安全的挑战。

参 考 文 献

[1] 白思俊 . 系统工程 [M]. 4 版 . 北京：电子工业出版社，2023.

[2] 曹军，胡万义 . 灰色系统理论与方法 [M]. 哈尔滨：东北林业大学出版社，1993.

[3] 陈国良，王熙法，庄镇泉，等 . 遗传算法及其应用 [M]. 北京：人民邮电出版社，1996.

[4] 陈庆华 . 系统工程理论与实践 [M]. 修订版 . 北京：国防工业出版社，2011.

[5] 陈庆华 . 装备运筹学 [M]. 北京：国防工业出版社，2005.

[6] 陈森发 . 复杂系统建模理论与方法 [M]. 南京：东南大学出版社，2005.

[7] 晨阳 . 信息支援，大国军事发展新趋势 [N]. 环球时报，2024-4-24（8）.

[8] 邓聚龙 . 灰色系统基本方法 [M]. 武汉：华中工学院出版社，1985.

[9] 段海滨 . 蚁群算法原理及其应用 [M]. 北京：科学出版社，2005.

[10] 飞思科技产品研发中心 . 神经网络理论与 MATLAB7 实现 [M]. 北京：电子工业出版社，2005.

[11] 高军 . 系统科学与方法 [M]. 北京：兵器工业出版社，2017.

[12] 宫玉振 . 铁马秋风集 [M]. 北京：中信出版社，2021.

[13] 郭波，龚时雨，谭云涛，等 . 项目风险管理 [M]. 北京：电子工业出版社，2008.

[14] 郭齐胜，董志明，李亮 . 系统建模与仿真 [M]. 北京：国防工业出版社，2007.

[15] 韩中庚 . 数学建模方法及其应用 [M]. 北京：高等教育出版社，2005.

[16] 洪向华 . 领导干部治理能力十讲 [M]. 北京：人民出版社，2022.

[17] 胡晓峰 . 战争科学论 [M]. 北京：科学出版社，2018.

［18］ 胡运权．运筹学教程［M］．5版．北京：清华大学出版社，2018.

［19］ 蒋劲松，刘兵．科学哲学读本［M］．北京：中国人民大学出版社，2008.

［20］ 金勇，赵志纲．神舟飞船项目进度管理系统研究［J］．机械制造，2012，50（09）：84-87.

［21］ 李士勇．工程模糊数学及应用［M］．哈尔滨：哈尔滨工业大学出版社，2004.

［22］ 刘兴堂，梁炳成，刘力，等．复杂系统建模理论、方法与技术［M］．北京：科学出版社，2008.

［23］ 刘忠．军事系统工程［M］．北京：国防工业出版社，2014.

［24］ 卢子芳．系统工程原理与实务［M］．北京：人民邮电出版社，2020.

［25］ 马少平，朱小燕．人工智能［M］．北京：清华大学出版社，2004.

［26］ 迈克尔．系统思考——适于管理者的创造性整体论［M］．高飞，译．北京：中国人民大学出版社，2005.

［27］ 毛用才，胡奇英．随机过程［M］．西安：西安电子科技大学出版社，2000.

［28］ 潘星．系统工程基础［M］．北京：北京航空航天大学出版社，2022.

［29］ 商长安．军事运筹学［M］．北京：兵器工业出版社，2010.

［30］ 沈世镒．神经网络系统理论及其应用［M］．北京：科学出版社，1998.

［31］ 石莉．定性推理在概念设计中的应用研究［D］．西安：西安电子科技大学，2001.

［32］ 史宪铭，骆兴远，赵美．弹药消耗预计方法［M］．北京：兵器工业出版社，2023.

［33］ 史宪铭，赵美，程中华，等．系统决策与建模［M］．北京：国防工业出版社，2024.

［34］ 史宪铭．系统科学与方法论［M］．北京：兵器工业出版社，2017.

［35］ 史宪铭．装备系统工程［M］．北京：兵器工业出版社，2020.

［36］ 苏新瑞，徐晓飞，卫诗嘉，等．数字孪生技术关键应用及方法研究［J］．中国仪器仪表，2019（07）：47-53.

［37］ 孙东川，柳克俊，赵庆祯．系统工程干部读本［M］．广州：华南理工大学出版

社，2012.

[38] 谭跃进. 军事系统工程 [M]. 北京：中国大百科全书出版社，2008.

[39] 谭跃进. 系统工程原理 [M]. 2 版. 北京：科学出版社，2018.

[40] 汪培庄. 模糊集合论及其应用 [M]. 上海：上海科学技术出版社，1983.

[41] 汪应洛. 系统工程 [M]. 5 版. 北京：机械工业出版社，2016.

[42] 王立欣，赵美，史宪铭，等. 系统工程与运筹学 [M]. 北京：兵器工业出版社，2016.

[43] 王其藩. 系统动力学 [M]. 北京：清华大学出版社，1994.

[44] 王寿云. 军事系统工程的理论与实践 [M]. 北京：国防工业出版社，1998.

[45] 吴翠花. 系统工程概论 [M]. 北京：中国铁道出版社，2019.

[46] 习近平. 高举中国特色社会主义伟大旗帜为全面建设社会主义现代化国家而团结奋斗：在中国共产党第二十次全国代表大会上的报告 [M]. 北京：人民出版社，2022.

[47] 夏安邦. 系统建模理论与方法 [M]. 北京：机械工业出版社，2007.

[48] 徐起贺. TRIZ 创新理论实用指南 [M]. 北京：北京理工大学出版社，2011.

[49] 许国志. 系统科学 [M]. 上海：上海科技教育出版社，2005.

[50] 颜晓峰. 系统观念是具有基础性的思想和工作方法 [N]. 人民日报，2023-04-14.

[51] 于惠玲. 简明创新方法教程 [M]. 北京：中央广播电视大学出版社，2014.

[52] 袁崇义. Petri 网原理与应用 [M]. 北京：电子工业出版社，2005.

[53] 张俊学. 作战运筹学 [M]. 北京：解放军出版社，2000.

[54] 张强. 首艘国产航母终下水 [J]. 中国科技奖励，2017（05）：72-73.

[55] 张青贵. 人工神经网络导论 [M]. 北京：中国水利水电出版社，2004.

[56] 张晓冬. 系统工程 [M]. 北京：科学出版社，2010.

[57] 张最良. 军事运筹学 [M]. 北京：军事科学出版社，1993.

后记：我和系统思维的不解之缘

与系统工程的缘分，也是我对系统思维不断加深的过程。作为纯机械专业出身的我，研究生就读于国防科技大学机电工程与自动化学院机械制造及其自动化专业，研究方向是计算机集成制造系统。在读期间，有幸旁听了人文与管理学院谭跃进院长的"系统学原理"课程，虽然只是一节课，就被"把社会科学用一种数学规律描述"的见解所征服，让我惊奇的是，居然还有这样的一门学问。之后，李国喜教授就要求我们在课题研究和论文撰写中不断地"上层次"，讲什么是方法论、如何做事情，尽管是只言片语，仍然感受到了系统思维的奥妙之处。爱人也说我"上了研究生以后，思维有所变化了"。博士期间，就读于传承自钱学森教授创建的系统工程与数学系的信息系统与管理学院，师从郭波教授，学科是管理科学与工程，研究方向是系统管理与综合集成技术，也就是钱老所倡导的"大成技术"，这时，也对系统思维也有了一定的认识。

让我真正对系统思维有深刻认识的，还是从讲授"系统工程"课程开始的，也恰好验证了费曼学习法的优越之处。我在教中学、学中教，也应用其解决教学、科研和生活中遇到的种种问题。系统思维给我带来了诸多好处，让我在各个方面都有了长足的进步。这也得益于同事们对我的指导

和帮助，尤其是学习了李习彬教授创立的运行分析理论——规范化管理之后，我对系统思维有了更新的认识。不同于在长沙学习到的以"用数学描述世界"为突出特点的系统思维，李习彬教授虽然也是数学专业出身，但创立的规范化管理更加强调事理系统中人的作用，并主张用规范来改进工作，从而形成了独特的"功能、组元、结构、运行、环境"五元理论。这也是在石家庄做教学工作中最重要的收获。

真正让我感觉到有了进一步提升的是来自于2014年开始的一场教学改革活动。在这次教学改革中，我们针对以往以知识学习为主存在的"记住了概念，但不会应用"的问题，采取了任务教学的模式。也就是把工作、科研、生活中遇到的系统问题作为一个任务，在课前发给学员小组，以这个任务贯穿整个系统工程课程学习中，教师在任务引导中教会知识，学员在完成任务中提高能力。虽然每次上课时，都会担心学生在短短28天的时间内能否完成这项任务，但在授课过程中，学生们都在积极解决问题，很多时候都与我有着激烈的讨论，甚至好几次我在课堂上被问得哑口无言。正是在这种氛围下，我和学生们在解决问题中遇到的各种系统问题都得到了解决，最终学生们写出了平均2.2万字的研究报告，很多内容都纳入了我的课题报告中，还有3名同学发表了学术论文。我也在这个过程中总结创新了运用系统思维解决问题的12个新的知识点，这使我在之后教学中的讲授内容也得到了不断的充实和进步。

在教学中，我深刻体会到，系统思维不仅是一种思维方式，其背后也蕴含着丰富的实践内容。因此，在历年来的继承和发扬下，教研室把系统思维相对应的思想和实践内容总结为思想、理论、方法论和方法四部分，并构建出系统思维大厦的主体框架。能够下定决心写这本书，也得益于系统思维科普的广泛需求，在此期间，国防大学、陆军步兵学院、陆军装甲兵学院、陆军炮兵防空兵学院等单位的专家教授对我提出了不少好的意见建议。初稿形成后，郭波教授、张小平教授等给予了很多建设性意见，在此一并感谢！

对于系统思维的认识一直在发展中，本书也只能代表作者在当下的认识，难免存在不足之处，敬请广大读者不吝赐教。

作者
2024 年 4 月于石家庄